Guide de Prénoms :

Plus de 22 000 Prénoms de bébés (Prénoms de filles, prénoms de garçons et les prénoms 2024)

AMELIA KING

Indice

Introduction

Merci d'avoir acheté ce livre des prénoms de bébés et félicitations ! Que vous soyez un nouveau parent ou que vous ayez déjà des enfants, mettre un enfant au monde est l'un des moments les plus excitants dans une vie.

Nous espérons que cette longue liste de prénoms de bébés vous aidera à trouver celui qui sera parfait pour votre tout-petit si spécial et que ce sera le dernier livre dont vous aurez besoin pour prendre une décision définitive.

Ce livre commence par des prénoms populaires récents. Nous proposons une liste des 189 prénoms de filles et de garçons les plus populaires pour 2024. Nous avons listé 94 prénoms de filles et 95 prénoms de garçons. Ensuite, vous trouverez une liste de plus de 13 000 prénoms de filles et plus de 8 000 prénoms de garçons.

Dans cet ebook, vous pourrez chercher des lettres spécifiques à travers la table des matières et trouver un lien vers le bas de chaque page que vous consultez pour vous ramener à la table des matières. Cela devrait rendre le livre facile à parcourir. N'oubliez pas de noter vos favoris !

Vous pourrez ensuite consulter vos favoris plus tard pour trouver la signification et la popularité sur bitly.com/namevoyager.

Nous espérons que vous apprécierez et n'oubliez pas : si vous aimez ce livre, merci de prendre une minute pour écrire une courte critique, car cela nous aide à produire plus de livres de qualité ou à voir où nous pouvons nous améliorer.

Vous pouvez laisser un commentaire en allant sur bit.ly/guideprenoms.

Vous pouvez également laisser un commentaire en cherchant le titre du livre sur Amazon ou à partir de votre page de commandes.

Merci encore de votre achat et félicitations pour votre passionnant voyage de jeunes parents.

Sur les significations des prénoms de bébés

Vous remarquerez peut-être que nous n'incluons pas la signification et l'origine des prénoms dans ce livre. C'est intentionnel. Dans certains livres populaires de prénoms de bébés, la signification du prénom est présentée comme importante, mais je vous demande de vraiment réfléchir jusqu'à quel point la signification d'un prénom est vraiment importante à long terme.

Par exemple, combien de fois le sens de votre propre prénom est-il apparu dans votre vie ? Pas si souvent je pense. La plupart des gens ne connaîtront jamais la signification du nom de votre enfant et ils ne s'en soucient pas non plus. Ce qui est important lorsque vous donnez un prénom à votre bébé, c'est de penser à tous les autres facteurs plus importants qui auront une incidence sur sa vie :

- Comment le nom positionnera votre enfant dans sa génération ?
- Comment le prénom sonnera avec le nom de famille ?
- Comment le prénom ira avec votre propre prénom, celui de votre partenaire et celui des frères et sœurs ?

- A quel genre de culture populaire ou d'associations connues ce prénom fait -il référence dans l'esprit des gens ?

Si vous souhaitez en savoir plus sur la façon de choisir un prénom pour votre bébé, je vous recommande le livre " The Stress-Free Baby Names Book " d'Aston Sanderson, qui explique comment choisir le prénom de votre bébé de façon claire, calme et confiante.

Meilleurs prénoms de bébés 2024 pour les filles

Abigail	Charlotte	Inaya
Adele	Chloé	Inès
Agathe	Clara	Iris
Alice	Clémence	Isabella
Alicia	Constance	Isla
Ambre	Eden	Ivy
Amélia	Éléna	Jade
Amy	Eli	Jeanne
Ana	Élise	Joy
Andréa	Ella	Julia
Angelina	Elya	Kira
Anna	Emily	Lana
Apolline	Emma	Layla
Aria	Emy	Léa
Ava	Eva	Léna
Avery	Eve	Léonie
Aya	Evelyn	Lil
Ayla	Everly	Lily
Camille	Gia	Lina
Candice	Hailey	Lise
Capucine	Hannah	Lola

Lou	Maya	Rose
Louise	Mia	Ruby
Louna	Mila	Sia
Lucie	Mya	Sky
Luna	Nia	Sophia
Madison	Noa	Thais
Maëlle	Nora	Théa
Maëlys	Nour	Valentine
Manin	Olivia	Zoé
Mathilde	Riley	
Maxime	Romane	

Meilleurs prénoms de bébés 2024 pour les garçons

Aaron	Eliott	Jayden
Achille	Enzo	Jules
Adam	Estéban	Kayden
Aiden	Ethan	Léo
Alexander	Gabin	Léon
Antoine	Gabriel	Levi
Antonin	Gaspard	Liam
Arthur	Gonzague	Lincoln
Augustin	Grayson	Logan
Austin	Henry	Louis
Axel	Hudson	Louka
Baptiste	Hugo	Luca
Benjamin	Hunter	Lucas
Caleb	Imran	Luke
Carter	Isaac	Maël
Connor	Jack	Mahé
Daniel	Jackson	Malo
Diego	Jacob	Marcel
Elijah	James	Marius

Martin	Noah	Théo
Mason	Noé	Thomas
Mathéo	Nolan	Tiago
Mathis	Oliver	Timéo
Mathys	Owen	Titouan
Matthew	Paul	Tom
Max	Raphaël	Valentin
Maxime	Rayan	William
Michael	Robin	Wyatt
Milo	Ryan	Xavier
Naël	Sacha	Yanis
Nathan	Samuel	Zayn
Nicholas	Simon	

Partie 1: Prénoms de bébés pour les filles

A

Aadi
Aafje
Aaid
Aaleila
Aalin
Aalis
Aaliya
Aaliyah
Aamna
Aanya
Aaralyn
Aarti
Aaryanna
Aasa
Aase
Aashna
Aasma
Aayah
Aayushi
Ababa
Abbey
Abbie
Abby
Abeba
Abeer
Abegale
Abelia
Abelie
Abella
Abelone
Abena
Aberdeen

Aberdine
Aberesh
Aberiana
Abernathy
Abha
Abhilasha
Abi
Abia
Abigael
Abigaia
Abigail
Abigaille
Abigale
Abihail
Abijah
Abilee
Abilena
Abilene
Abir
Abish
Abital
Abiya
Abra
Abria
Abriana
Abrianna
Abrie
Abriella
Abrielle
Abril
Abryanna
Absidee
Absylla
Abtar
Abygayle
Acacia
Acadia

Accalia
Acela
Acelina
Acelynn
Achara
Achsah
Acilia
Ada
Adabelle
Adaeh
Adafay
Adah
Adahlia
Adair
Adaira
Adaire
Adalaide
Adalee
Adalei
Adaleia
Adaleigh
Adalena
Adalene
Adalia
Adaliah
Adalie
Adalina
Adaline
Adaliss
Adaliz
Adaly
Adalyn
Adalynn
Adamaris
Adamina
Adania
Adara

Adaya
Adda
Addalie
Addica
Addie
Addien
Addy
Addyson
Adea
Adeara
Adecca
Adeeba
Adeen
Adél
Adela
Adelae
Adelaida
Adelaide
Adelaine
Adelajda
Adele
Adeleine
Adelfa
Adelheid
Adelia
Adélie
Adelin
Adelina
Adeline
Adelisa
Adelise
Adelissa
Adelita
Adeliza
Adell
Adella
Adelle

Adellene
Adelpha
Adelphia
Adelyn
Adelynn
Aden
Adena
Adepero
Aderine
Aderyn
Adhira
Adi
Adia
Adibella
Adica
Adie
Adiella
Adijah
Adilene
Adina
Adinda
Adira
Adisyn
Aditi
Adlee
Adleigh
Adlen
Adler
Adley
Adora
Adorabella
Adramicia
Adrastea
Adreen
Adria
Adrian
Adriana

Adriane
Adriani
Adrianna
Adrianne
Adrianny
Adrie
Adrielle
Adrienn
Adrienna
Adrienne
Adrijana
Adrina
Adrita
Adryen
Adsila
Adva
Adventura
Advirah
Adylin
Adyson
Aedith
Aegle
Aela
Aelfrida
Aelia
Aelin
Aelinn
Aelish
Aelita
Aelith
Aella
Aelwen
Aemilia
Aemy
Aenor
Aeria
Aerilyn

Aerin
Aerinn
Aeris
Aerith
Aeron
Aeryn
Aesinye
Aeva
Aeysha
Afifa
Afon
Afra
Africa
Afrodite
Afsaneh
Afsha
Afternoon
Afton
Agape
Agapi
Agata
Agatha
Agathah
Agathe
Agda
Aggie
Aglaé
Aglaia
Agnella
Agnes
Agnesina
Agnessa
Agneta
Agnetha
Agnija
Agnyetha
Agostina

Agota
Agueda
Agustina
Ahava
Ahinoam
Ahlai
Ahleya
Ahmeera
Ahmya
Ahnah
Ahnika
Aholibamah
Ahu
Ahuva
Ahyoka
Ai
Aia
Aibhne
Aibreann
Aïcha
Aida
Aidanne
Aide
Aidee
Aideen
Aiden
Aidenn
Aidyn
Aifric
Aignéis
Aikaterini
Aiko
Aila
Ailana
Ailani
Ailbhe
Aileen

Ailene
Ailey
Aili
Ailidh
Ailie
Ailís
Ailise
Ailish
Ailith
Ailla
Ailly
Ailsa
Ailynn
Aimee
Aimie
Aina
Ainara
Aine
Ainhoa
Aino
Ainslee
Ainsleigh
Ainsley
Ainslie
Airabella
Airam
Airene
Airianna
Airis
Airlie
Aisha
Aishla
Aishwarya
Aisla
Aislin
Aisling
Aislinn

Aislyn
Aislynn
Aitana
Aitzin
Aiva
Aixa
Aiyana
Aiyanna
Aiyla
Aizlynn
Aja
Ajani
Ajarae
Ajaya
Ajilea
Ajita
Ajooni
Akalroop
Akane
Akasya
Akayla
Akayna
Akela
Akende
Akenna
Akia
Akiah
Akiara
Akiko
Akilah
Akilina
Akina
Akira
Akiryana
Akiye
Akora
Alabama

Alachua
Alacia
Aladara
Alahna
Alaia
Alaina
Alaine
Alameda
Alana
Alanda
Alandra
Alane
Alani
Alanis
Alankrita
Alanna
Alannah
Alara
Alarice
Alaska
Alastríona
Alathena
Alauda
Alaura
Alaw
Alaya
Alayah
Alayna
Alaynah
Alayne
Alaysha
Alaysia
Alazra
Alba
Albania
Albany
Alberta

Alberte
Albertha
Albertina
Albertine
Albia
Albina
Albright
Alcee
Alchemy
Alcie
Alcyone
Alda
Aldabella
Alden
Aldis
Aldwina
Aleah
Aleanor
Aleasha
Alecia
Alecto
Aleda
Aleeah
Aleece
Aleelia
Aleen
Aleena
Aleesha
Aleesia
Aleeza
Alegria
Aleida
Aleigha
Aleise
Aleisha
Alejandra
Alejandrina

Alejhandra	Alexius	Alijah
Aleka	Alexssa	Alika
Aleksia	Alexus	Aliki
Alela	Alexxia	Alilia
Alelia	Alexys	Alina
Alena	Aleya	Alinda
Alene	Aleyda	Aline
Alenka	Aleydis	Alinnah
Aleny	Alfa	Alinya
Aleora	Alfhild	Aliona
Alesana	Alfonsina	Alique
Alesha	Alfreda	Alira
Aleshia	Alfrieda	Alirah
Alesia	Alheli	Alisa
Alessa	Ali	Alisabeth
Alessia	Alia	Alisande
Alesta	Aliah	Alisann
Alesya	Aliana	Alise
Aleta	Aliandra	Alisen
Aletha	Alianna	Alish
Alethea	Aliannah	Alisha
Aletheia	Alianora	Alisheba
Alethia	Alianore	Alison
Aletta	Aliaya	Alissa
Alette	Alibeth	Alissandra
Aleu	Alice	Alissia
Alev	Alicen	Alisson
Alex	Alicenne	Alistar
Alexa	Alicia	Alisyn
Alexana	Aliciana	Alita
Alexandrina	Alicja	Alithea
Alexea	Alicyn	Alitheia
Alexi	Alida	Alivia
Alexia	Aliena	Alix
Alexie	Alienor	Alixadria
Alexina	Alienore	Alixana
Alexis	Aliette	Alixandria

Aliya	Allure	Altaira
Aliyah	Alluryn	Altalune
Aliz	Ally	Altea
Aliza	Allyn	Altha
Alizabeth	Allysa	Althea
Alizandra	Allysen	Altheda
Alize	Allyson	Altheia
Alizée	Allyssa	Alti
Alizeh	Allysyn	Alula
Alizeia	Alma	Alura
Alizon	Almeda	Alusengi
Alkelda	Almeta	Alva
Alla	Almetrice	Alvard
Allaire	Almina	Alvena
Allana	Almira	Alvera
Allayna	Almut	Alverda
Allegra	Alnaar	Alverta
Alleigh	Alodia	Alvia
Alleluia	Aloe	Alvina
Allene	Aloha	Alvira
Allese	Alohi	Alwilda
Alleta	Aloisia	Alya
Allexis	Aloma	Alyana
Alleyah	Alona	Alyanna
Alleyne	Alondra	Alyce
Alli	Alonna	Alycia
Allie	Alora	Alyda
Allira	Alouette	Alydia
Allirea	Aloysia	Alyiah
Alliree	Alpana	Alyona
Allison	Alpha	Alys
Allissa	Alphonsine	Alysa
Allisson	Alphus	Alysane
Allisyn	Alseta	Alyse
Allora	Alsira	Alyseca
Allorah	Alta	Alysha
Allura	Altagracia	Alyshia

Alysia	Amalyah	Amberlyn
Alyson	Amana	Amberlynn
Alysondra	Amanda	Amberr
Alyssa	Amandeep	Amberson
Alyssandra	Amandeth	Ambra
Alyssha	Amandina	Ambre
Alyssia	Amandine	Ambree
Alyssianna	Amandla	Ambria
Alyssum	Amani	Ambriel
Alyvia	Amantha	Ambrielle
Alyviah	Amanthis	Ambrosia
Alyx	Amara	Amedee
Alyxandria	Amarachi	Amee
Alyxia	Amaranta	Ameera
Alza	Amarante	Ameerah
Alzbeta	Amaranth	Amefleur
Alzena	Amarea	Ameiah
Ama	Amari	Ameka
Amabel	Amaris	Amelea
Amable	Amarise	Amelee
Amada	Amariss	Ameleigha
Amadahy	Amarta	Amelia
Amadea	Amaryllis	Ameliana
Amadora	Amaryllys	Amelie
Amae	Amasa	Amelina
Amaia	Amata	Ameline
Amaiah	Amatis	Amelle
Amaira	Amaya	Amenpreet
Amaka	Amba	Ameri
Amal	Ambar	America
Amalea	Amber	Americus
Amalee	Amberlee	Amerie
Amali	Amberleigh	Ameris
Amalia	Amberley	Amethyst
Amalie	Amberlie	Ami
Amalina	Amberlina	Amia
Amalthea	Amberly	Amica

Amidala
Amie
Amiea
Amiee
Amiko
Amilia
Amina
Aminah
Aminatta
Aminda
Aminie
Amira
Amirah
Amisha
Amissa
Amita
Amitiel
Amity
Amiya
Amiyah
Amiyra
Ammara
Ammaria
Ammerie
Ammie
Ammorett
Amnah
Amora
Amorelle
Amoret
Amorette
Amoria
Amorie
Amory
Amparo
Amphitrite
Amrick

Amrit
Amrita
Amsala
Amsale
Amy
Amy Jo
Amy-leigh
Amya
Amyah
Amybeth
Amylia
Amylin
Amyrlin
Amzie
Ana
Ana-Lisa
Anaayah
Anabel
Anabela
Anabella
Anabelle
Anabeth
Anadelia
Anaëlle
Anah
Anaheed
Anahi
Anahid
Anahit
Anahita
Anaia
Anaiah
Anaïs
Anaiya
Anaiys
Anala
Analee

Analeigh
Anali
Analia
Analiese
Analilia
Analina
Analisa
Analise
Analisia
Analiz
Analuisa
Analyssa
Anamika
Ananda
Ananya
Anara
Anastacia
Anastella
Anastract
Anatalia
Anatola
Anatolia
Anaxandra
Anaxandria
Anaya
Anayah
Anberlin
Anca
Ancilla
Ancille
Andee
Andelyn
Andi
Andie
Andina
Andisheh
Andora

Andra	Anezka	Anieshka
Andralissa	Anfisa	Anika
Andralyn	Ange	Anikah
Andraste	Angel	Aniline
Andrea	Angela	Anina
Andreanna	Angèle	Anisa
Andree	Angelea	Anise
Andreea	Angeleia	Anisha
Andreia	Angeles	Anissa
Andreina	Angelia	Aniston
Andreja	Angeliah	Anistyn
Andreva	Angelica	Anita
Andri	Angelie	Anitra
Andria	Angelika	Anixsa
Andriana	Angeliki	Aniya
Andrianna	Angelina	Aniyah
Andriette	Angeline	Anja
Andrijana	Angelique	Anjali
Andrine	Angelise	Anjanette
Andromeda	Angelita	Anjela
Andrzeja	Angelle	Anjelica
Andy	Angelou	Anjezë
Ane	Angelus	Anju
Anea	Angelyn	Anjuli
Anechka	Angelynn	Anka
Aneesha	Angenette	Ankaret
Aneira	Angharad	Anke
Aneissa	Angie	Ankia
Aneja	Ani	Anmei
Anel	Ania	Anmol
Anela	Aniah	Ann
Anelie	Anica	Ann Marie
Anelise	Anicka	Ann-Margaret
Anemone	Aniela	Anna
Aneres	Anielia	Anna-Blake
Anetta	Aniella	Anna-Maria
Anette	Anielle	Annabel

Annabell
Annabella
Annabelle
Annabeth
Annacelli
Annagail
Annah
Annais
Annaleah
Annalee
Annaleigh
Annaley
Annalia
Annalie
Annaliese
Annalina
Annalind
Annalinda
Annalisa
Annalise
Annalyn
Annalynn
Annalysa
Annamae
Annamaria
Annamarie
Annanisa
Annapurna
Annasophia
Annastasia
Annastyn
Annbjørg
Anne
Anne Marie
Anne-Marie
Annebet
Anneka

Anneke
Anneli
Annelie
Annelies
Anneliese
Annelise
Annella
Annelle
Annelore
Annelyse
Annemarie
Annemie
Annemieke
Annerose
Annessa
Annessia
Anneth
Annetta
Annette
Anneya
Anni
Anni-frid
Annia
Annica
Annice
Annick
Annie
Annieka
Annierose
Anniina
Annika
Annikah
Annike
Anniken
Annikki
Annina
Annis

Annise
Annissa
Annisten
Anniston
Annmarie
Annona
Annora
Anny
Annystyn
Annytta
Anora
Anouk
Anousha
Anoushka
Anselee
Ansha
Anshi
Anslee
Ansleigh
Ansley
Anslie
Anthea
Anthee
Anthi
Anthoula
Antigone
Antinea
Antje
Antoinette
Antonela
Antonella
Antonetta
Antonette
Antonia
Antonie
Antonija
Antonina

Antonine
Anugraha
Anush
Anushka
Anvaya
Anwen
Anwyn
Anya
Anyssa
Anzhela
Anzhelika
Aobhe
Aoi
Aoibhe
Aoibheann
Aoibhinn
Aoibhne
Aoife
Aois
Aolani
Aomame
Aowyn
Aparna
Aphixia
Aphra
Aphrodite
Apolline
Apollonia
Apolonia
Apphia
Apple
April
April May
Aprille
Aprilynne
Apryl
Aqila

Aqua
Aquamarine
Aquaria
Aquila
Aquilina
Aquinnah
Ara
Arabel
Arabela
Arabella
Arabelle
Araceli
Aracelia
Aracely
Aradia
Araely
Araia
Aralia
Aralie
Aralyn
Arama
Aramie
Araminta
Aramya
Arana
Aranea
Aranka
Araseli
Arati
Aravis
Araxie
Araya
Arbor
Arbutus
Arcadia
Arcana
Arcanna

Arceli
Arcelia
Arcenia
Archana
Ardath
Ardell
Ardella
Ardelle
Arden
Ardent
Ardeth
Ardis
Ardita
Ardith
Ardolla
Areane
Areanna
Areanne
Areka
Areli
Arelis
Arella
Arelle
Arely
Aren
Arenda
Arete
Aretha
Arethusa
Areti
Areva
Arevik
Arezoo
Arezou
Argelia
Argentina
Aria

Ariadna	Aristea	Arminta
Ariadne	Aristi	Arnhild
Ariagne	Arisu	Aroa
Ariah	Ariya	Aroha
Ariana	Ariyah	Arpege
Arianda	Ariyana	Arpi
Ariane	Ariza	Arpiar
Arianell	Arizona	Arpine
Arianna	Arka	Arriane
Arianne	Arla	Arrie
Arianwen	Arleen	Arrietta
Arianwyn	Arlena	Arrietty
Aribelle	Arlene	Arrinna
Arica	Arlet	Arrow
Arie	Arleth	Arsenia
Arieana	Arlette	Arsinoe
Arieanna	Arley	Artasia
Ariel	Arlie	Artemis
Ariela	Arline	Arti
Ariele	Arlo	Artie
Ariella	Arloa	Aruna
Ariellah	Arly	Arvilla
Arielle	Arlyn	Arwa
Arien	Armanda	Arwen
Arienne	Armande	Arya
Arieon	Armani	Aryana
Arietta	Armeetah	Aryanna
Arilyn	Armelle	Arykah
Arin	Armeni	Aryll
Arina	Armenouhi	Aryn
Aris	Armi	Arynn
Arisanna	Armida	Arysta
Arisbe	Armina	Arzu
Arisha	Arminae	Åsa
Arisia	Arminal	Asalia
Arissa	Arminda	Asami
Arista	Armine	Asbjørg

Ascencion	Ashton	Astria
Åse	Ashtyn	Astrid
Aselin	Ashtynne	Astrobella
Asella	Asia	Asuka
Asena	Asimina	Asuna
Asenith	Asiya	Asuncion
Aseret	Asiyah	Asya
Asha	Asiye	Ataahua
Ashalee	Aska	Atabey
Ashanti	Aslaug	Atalanta
Ashari	Asli	Atalante
Ashaya	Asma	Atalia
Ashby	Asmaa	Atalie
Ashe	Asmara	Atalyn
Asheley	Asmira	Atara
Ashely	Åsne	Atarah
Asheni	Aspasia	Ataya
Asherah	Aspen	Atha
Ashica	Aspynn	Athalia
Åshild	Assala	Athaliah
Ashira	Assisi	Athalie
Ashlan	Assumpta	Athanasia
Ashland	Assunda	Athena
Ashlea	Assunta	Athenais
Ashlee	Asta	Athene
Ashlei	Astara	Atherton
Ashleigh	Astella	Athia
Ashlen	Aster	Athlyn
Ashley	Asteria	Atia
Ashli	Astero	Atira
Ashlie	Astghik	Atita
Ashlin	Astier	Atiya
Ashling	Astor	Atlanta
Ashly	Astoria	Atlantis
Ashlyn	Astra	Atleigh
Ashlynn	Astraea	Atley
Ashten	Astri	Atossa

Attica
Attie
Au'janae
Aubree
Aubreigh
Aubrey
Aubri
Aubriana
Aubrianna
Aubrie
Aubriel
Aubriella
Aubrielle
Aubrin
Aubry
Aubryn
Aubrynn
Aubuiny
Auburn
Aucella
Aud
Aude
Audecca
Auden
Audette
Audhild
Audie
Audny
Audra
Audre
Audrea
Audree
Audren
Audrey
Audria
Audriana
Audrianna

Audrie
Audrielle
Audrija
Audrina
Audris
Audru
Audry
Audryanna
August
Augusta
Auline
Aulora
Auneye
Aunika
Aunitra
Aunna
Aura
Aura-lee
Aurea
Aurelia
Aureliana
Aurelie
Aurembiaix
Auri
Auria
Auriah
Aurielle
Auristela
Aurnia
Aurora
Aurore
Aurorette
Aury Estela
Auryn
Auseta
Ausha
Ausinikka

Austėja
Austen
Austin
Austine
Australia
Austyn
Autiana
Automne
Autry
Autumn
Autumne
Auxane
Auxerre
Ava
Avabella
Avabelle
Avacyn
Avah
Avalanna
Avalee
Avaleigh
Avalene
Avaley
Avalie
Avalielle
Avaliese
Avalina
Avaline
Avalon
Avalyn
Avalynn
Avana
Avaneisha
Avanell
Avangeline
Avani
Avari

Avarie	Avishai	Aydon
Avaya	Avital	Aydria
Avayah	Aviva	Ayeka
Avdotya	Aviya	Ayelet
Ave	Avlianna	Ayesha
Avelaine	Avoca	Ayisha
Aveleigh	Avonlea	Ayla
Avelina	Avra	Aylee
Aveline	Avree	Ayleen
Avelyn	Avrey	Ayleisa
Aven	Avrielle	Aylen
Aveni	Avril	Aylin
Avenlee	Avrille	Aymara
Averi	Avrora	Aymeline
Averie	Avua	Ayn
Averiella	Avy	Ayna
Averil	Avyanna	Ayolina
Averill	Avyi	Ayriana
Averley	Avynn	Ayşe
Avery	Awilda	Aysha
Aveson	Awtry	Aysia
Aveza	Axelina	Ayslinn
Avgi	Axelle	Ayuna
Avgousta	Aya	Ayva
Avha	Ayah	Ayzee
Avia	Ayaka	Azahara
Aviana	Ayala	Azalaïs
Aviance	Ayan	Azalea
Avianna	Ayana	Azalee
Avie	Ayanda	Azalei
Avielle	Ayanna	Azalia
Avigail	Ayano	Azami
Avigayil	Ayasha	Azania
Avika	Aybree	Azara
Avila	Ayda	Azaria
Avilynn	Aydan	Azelyn
Avis	Aydia	Azenor

26

Azhar
Azie
Aziel
Aziliz
Azine
Aziyah
Aziza
Azni
Azuba

B

Baara
Baby
Baden
Bagheera
Baila
Bailee
Bailei
Baileigh
Bailey
Bailie
Báirbre
Baisley
Baize
Baja
Bakhshish
Balbina
Balbir
Bali
Baljinder
Baljit
Ballia
Balqees

Balvinder
Balwinder
Bama
Bambi
Ban
Banana
Bao
Barb
Barbara
Barbie
Barbora
Barbra
Barbro
Barcelona
Barra
Basanti
Basheera
Bashemath
Bashia
Basia
Basilia
Basilissa
Basimah
Basma
Bathilda
Batty
Batya
Baudelaire
Bay
Baya
Bayla
Baylee
Bayley
Baylin
Baylor
Bayrose
Bayusha

Bea
Beata
Beate
Beatrice
Beatrijs
Beatris
Beatritz
Beatriu
Beatrix
Beatriz
Beaue
Beaulah
Bebe
Bébhínn
Beca
Becca
Beckett
Beckie
Becky
Bedelia
Bee
Beeanka
Beezus
Begoña
Begonia
Behati
Beitris
Beka
Bekah
Belanna
Belem
Belen
Belia
Belicia
Belin
Belina
Belinda

Bell	Bergljot	Bethia
Bella	Berit	Bethiah
Bella-Rose	Berkeley	Bethsy
Belladonna	Berkleigh	Bethzy
Bellamy	Berkley	Beti
Bellanne	Berklie	Betina
Bellanore	Berlin	Betony
Bellaria	Bernadette	Betrys
Bellarosa	Bernadine	Betsey
Bellary	Bernardetta	Betsy
Bellatrix	Bernardine	Bette
Belle	Bernardita	Bettie
Bellefleur	Berneice	Bettina
Bellerose	Bernice	Betty
Bellicent	Berniece	Bettye
Bellina	Bernita	Bettylou
Bellis	Berta	Beulah
Bellona	Bertene	Bev
Belmira	Bertha	Beverlee
Belora	Berthe	Beverley
Belphoebe	Bertie	Beverlie
Belva	Bertille	Beverly
Beneve	Bertina	Beverlyn
Benevolence	Beryl	Bevin
Benicia	Bess	Bexleigh
Benita	Bessa	Bexley
Benja	Bessie	Beyla
Benna	Bet	Beyoncé
Bennett	Beta	Beyza
Bennie	Beth	Bhavya
Bente	Betha	Bia
Bentley	Bethan	Bianca
Bentlie	Bethania	Bianey
Beracha	Bethany	Bianka
Berenice	Bethel	Bianna
Beret	Bethena	Bibi
Beretta	Bethesda	Bibiana

Bibiane
Bice
Biddie
Biddy
Bijitha
Bijou
Bijoux
Bilaval
Bilhah
Biljana
Billie
Billie Jo
Billiejean
Billiejo
Billy
Billye
Bina
Bindi
Bindu
Biola
Bird
Birdee
Birdelle
Birdie
Birgit
Birgitta
Birgitte
Birleana
Birna
Birtha
Birtie
Biruta
Bissan
Bita
Bithiah
Bixenta
Bjork

Bjørg
Blair
Blaire
Blaise
Blake
Blakely
Blakelyn
Blakesly
Blanaid
Blanca
Blanch
Blanche
Blanchefleur
Blandina
Blandine
Blanka
Bláthnaid
Blayke
Blendenna
Blennie
Blerte
Blessing
Blessy
Blima
Bliss
Blithe
Blossom
Blue
Bluebell
Bluma
Bly
Blythe
Bobbette
Bobbi
Bobbie
Bobbie Sue
Bobby

Bobbye
Bodhi
Bodil
Bogdana
Boheme
Bojana
Bolina
Bolivia
Bonelle
Bonita
Bonnebell
Bonnie
Bonny
Bonnyjean
Boothe
Borbála
Borghild
Borgny
Boriana
Boston
Bostyn
Boudica
Bowie
Bracha
Bradi
Bradlee
Bradli
Bradlie
Brady
Braedyn
Braeleigh
Braelyn
Braelynn
Braeton
Brage
Braidy
Braila

Brailee
Brailey
Bráinne
Bralynn
Branca
Brandee
Brandi
Brandice
Brandie
Brandiwyne
Brandy
Brandywine
Branna
Brantlee
Branwen
Brave
Braxton
Braya
Braylee
Brayleigh
Braylene
Brayli
Brea
Breah
Breana
Breann
Breanna
Breanne
Breannon
Brecken
Breckyn
Breda
Bree
Breeanna
Breehanna
Breelyn
Breena

Breeshey
Breeze
Breezie
Breezy
Bregan
Brelan
Brelyn
Brenda
Brendalyn
Brendana
Brenley
Brenna
Brennan
Brenya
Brenyn
Breonah
Breonna
Breshay
Breslin
Brett
Bretta
Brettin
Brettlyn
Breydi
Bria
Briah
Briahna
Briahnna
Briallen
Brialli
Briana
Brianda
Briann
Brianna
Briannah
Brianne
Briannika

Briar
Briauna
Bricia
Brickley
Bríd
Brida
Bridget
Bridgett
Bridgette
Bridie
Brie
Briean
Brieana
Brieanna
Briege
Briela
Briella
Brielle
Briellen
Brienna
Brienne
Brierley
Brietta
Brigette
Brighid
Brighton
Brigid
Brígida
Brigit
Brigitta
Brigitte
Brilee
Briley
Brillana
Brille
Brilyn
Brilynn

Brin
Brina
Brinda
Brindle
Brinkley
Brinlee
Brinleigh
Brinley
Brinlie
Brinn
Brinxlee
Brinxley
Brionna
Briony
Briott
Brisa
Briseida
Briseïs
Brista
Bristol
Brit
Brita
Britain
Britannia
Britany
Britlyn
Britney
Britni
Britny
Britt
Britta
Brittan
Brittaney
Brittani
Brittanie
Brittany
Britten

Brittlan
Brittnee
Brittney
Brittni
Brittny
Britton
Brittyn
Brizzy
Brodie
Brody
Brogan
Bronagh
Bronte
Bronwen
Bronwyn
Bronya
Brook
Brooke
Browyn
Bruna
Brunilda
Bryana
Bryanna
Bryce
Bryelle
Brygid
Brylee
Bryleigh
Brylie
Bryliy
Bryluen
Bryn
Bryna
Bryndís
Brynhild
Brynja
Brynklie

Brynlea
Brynlee
Brynleigh
Brynli
Brynlie
Brynn
Brynna
Brynne
Brynnlee
Brynnley
Bryoni
Bryony
Brystal
Buena
Buffy
Bulah
Bunnie
Bunny
Bunty
Butterfly
Byrd

C

Cabernet
Cable
Cache
Cactus
Cadi
Cadie
Cady
Cadyn
Cadynn
Caecilia

Caedey
Caedran
Caedyn
Caela
Caeli
Caelia
Caelian
Caelyn
Caemlyn
Caetlin
Cai
Caia
Caidence
Caihong
Caila
Caileana
Cailee
Caileigh
Cailey
Cailie
Cailin
Cailla
Caily
Cailyn
Cailynn
Caina
Caisie
Cait
Caitee
Caitlan
Caitlann
Caitley
Caitlin
Caitly
Caitlyn
Caitlynd
Caitlynn

Caitria
Caitrian
Caitriona
Caiya
Calais
Calamint
Calandra
Calandre
Calantha
Calanthe
Calanthia
Calder
Caleah
Caledonia
Caleigh
Caley
Cali
Calia
Calianna
Calice
Calico
Calie
California
Calina
Calinda
Caliope
Calissa
Calista
Calixta
Calla
Calla Lily
Callalily
Calle
Calleigh
Calli
Callia
Callidora

Callie
Calliope
Callison
Callissa
Callista
Callisto
Cally
Callyn
Calogera
Calpurnia
Calybrid
Calypso
Calyse
Calyx
Camas
Camberlie
Cambree
Cambrey
Cambri
Cambria
Cambrie
Cambryn
Camden
Camdyn
Camea
Camelia
Camellia
Camelot
Cameo
Cameron
Cameryn
Cami
Camila
Camilla
Camille
Camillia
Camira

Camisha
Camlyn
Cammie
Cammy
Camora
Campbell
Camren
Camri
Camry
Camryn
Camylle
Cana
Canberra
Candace
Candela
Candelaria
Candess
Candi
Candia
Candice
Candida
Candis
Candra
Candy
Candyce
Canela
Canna
Cantarella
Cantrella
Canzada
Caoilainn
Caoilfhionn
Caoimhe
Capella
Capri
Caprica
Caprice

Capricia
Capucine
Capulet
Caquia
Cara
Carah
Caralea
Caraline
Caralyn
Caralynn
Cardella
Caren
Carenza
Caress
Caressa
Carey
Cari
Cariann
Cariba
Caridad
Carie
Carien
Carin
Carina
Carinda
Carine
Caris
Carisa
Carissa
Cariston
Carita
Caritas
Caritina
Carixia
Carla
Carlay
Carlee

Carleen
Carleigh
Carlene
Carley
Carli
Carlie
Carlin
Carlina
Carling
Carlota
Carlotta
Carlotte
Carlson
Carly
Carlyn
Carlyne
Carlynn
Carma
Carme
Carmel
Carmela
Carmelina
Carmeline
Carmelita
Carmelite
Carmella
Carmelliana
Carmen
Carmilla
Carmina
Carmindy
Carmyn
Carnie
Carol
Carola
Carolann
Carole

Carole-Anne	Casilda	Catharina
Carolee	Casimira	Catharine
Carolien	Caspara	Catherine
Carolina	Cass	Catherynne
Caroline	Cassadee	Cathey
Carolyn	Cassady	Cathi
Carolyne	Cassara	Cathie
Carolynn	Cassarah	Cathleen
Caron	Casse	Cathrine
Carpathia	Cassia	Cathry
Carrabelle	Cassidy	Cathryn
Carrah	Cassie	Cathy
Carreen	Cassielle	Cati
Carri	Cassilda	Catie
Carrie	Cassiopeia	Catina
Carrigan	Casslyn	Catlana
Carrington	Cassondra	Catlin
Carrol	Cassy	Caton
Carroll	Castalia	Catreena
Carryn	Castielle	Catrin
Carsci	Cat	Catrina
Carson	Catalaya	Catrine
Carsyn	Catalena	Catrinel
Carsynn	Cataleya	Catriona
Carter	Catalina	Cattleya
Cary	Catana	Caulfield
Carya	Catarina	Cavielle
Caryl	Cate	Cayanne
Caryn	Catelin	Caycee
Carynne	Cateline	Caydence
Carys	Catelyn	Cayenne
Casey	Catelynn	Cayla
Cashlynn	Caten	Cayle
Casi	Caterina	Caylee
Casia	Catesby	Caylen
Casidi	Cath	Cayley
Casie	Cathandra	Caylie

Caylin
Caynalin
Cayse
Caysie
Ce'Dana
Ceagan
Ceana
Ceara
Cebelle
Cecca
Cece
Cecelia
Cecil
Cecile
Cecilia
Cecilie
Cecillia
Cecily
Cecy
Cedar
Cedrella
Cedulie
Ceegan
Ceil
Céilidh
Ceinwen
Ceirra
Celaena
Celandine
Celene
Celenia
Celesta
Celeste
Celestia
Celestina
Celestine
Celia

Celiana
Celida
Célie
Celina
Celinda
Celine
Celisa
Celise
Celisse
Celyn
Celyse
Cenda
Cenia
Centaine
Century
Ceola
Cerci
Ceredwyn
Ceres
Ceri
Ceridwen
Cerie
Cerina
Ceris
Cerise
Cerissa
Cersei
Cerys
Cesalie
Cesara
Cesaria
Cesarina
Cesca
Ceslee
Cesli
Cessair
Cessily

Cessy
Ceychelle
Ceylan
Cezanne
Chaiza
Chalice
Challen
Chamari
Chambray
Chamya
Chana
Chanae
Chanda
Chandell
Chandler
Chandley
Chandra
Chandry
Chanel
Chanelle
Chani
Chanin
Channah
Channary
Channing
Channon
Chantal
Chante'
Chantel
Chantella
Chantelle
Chantia
Chantilly
Chantol
Chapel
Chapen
Chaperel

Chappell	Charmaine	Chelo
Chara	Charmian	Chelsea
Charaya	Charminique	Chelsee
Chardé	Charmion	Chelsey
Chardonnay	Charnette	Chelsi
Chari	Charnjot	Chelsia
Charidan	Charolette	Chelsie
Charilette	Charsey	Chencha
Charis	Charvala	Chenelle
Charisa	Charys	Cheney
Charisma	Chasadee	Chenne
Charissa	Chase	Chenoa
Charisse	Chaselynn	Chepa
Charitina	Chasey	Cher
Charitini	Chasity	Chera
Charity	Chassidy	Chere
Charla	Chastity	Cherelle
Charlaine	Chasya	Cheri
Charlayne	Chauncey	Cherie
Charlea	Chava	Cherilyn
Charlee	Chavela	Cherine
Charleen	Chavelly	Cherise
Charleigh	Chaya	Cherish
Charlene	Chayka	Cherith
Charleston	Chaylee	Cherline
Charley	Chayna	Cherlynn
Charli	Chaynee	Cherrelle
Charlianne	Chayo	Cherri
Charlie	Chedva	Cherrie
Charliene	Chela	Cherry
Charline	Chelan	Cheryl
Charlize	Chelcie	Cheryle
Charlotta	Chelidon	Cheryll
Charlotte	Chella	Chesapeake
Charlsie	Chelle	Cheshmeh
Charly	Chellsie	Cheska
Charmae	Chelly	Cheslai

Chesney
Chesten
Chestina
Chevaune
Chevelle
Chevonne
Cheyanna
Cheyanne
Cheyenne
Cheyne
Chiaki
Chiana
Chianne
Chiara
Chiarina
Chica
Chie
Chihiro
Chiles
Chimène
China
Chinesa
Chionia
Chiori
Chiquinquira
Chiquita
Chivon
Chloann
Chloe
Chloey
Chloris
Cho
Chole
Choncha
Chrethe
Chrimzen
Chris

ChrisAnna
Chrisette
Chrisial
Chrissa
Chrissey
Chrissie
Chrissy
Christa
Christabel
Christabella
Christabelle
Christal
Christany
Christeanna
Christeen
Christel
Christella
Christelle
Christen
Christena
Christene
Christi
Christia
Christian
Christiana
Christiane
Christiania
Christianna
Christianne
Christie
Christin
Christina
Christine
Christophe
Christy
Christyl
Christyn

Chritiane
Chryne
Chrysa
Chrysalis
Chrysania
Chula
Chunda
Chuya
Chyane
Chyanne
Chyenne
Chyler
Chyna
Chynna
Ciana
Ciandra
Cianna
Ciar
Ciara
Ciaran
Ciarran
Cicada
Cicca
Cicely
Cidelle
Cidnee
Ciela
Cielle
Cielo
Ciena
Ciendauos
Cienna
Ciera
Cierra
Cierrin
Cilinia
Cilla

Cimorene
Cinda
Cindal
Cindel
Cinderella
Cindi
Cindra
Cindric
Cindy
Cinnamon
Cinthia
Cinthya
Cintia
Cinxia
Cinzia
Ciorstaidh
Circe
Cirie
Cissy
Citana
Citlali
Citlalli
Citrine
Citron
Clacie
Cladine
Clair
Clair-de-lune
Claira
Claire
Claireece
Clairese
Clairey
Clancey
Clancy
Clara
Clarabella

Clarabelle
Clarah
Clare
Claren
Clarencia
Claret
Claria
Claribel
Clarice
Clarie
Clariel
Clarimond
Clarina
Clarinda
Clarine
Clarinell
Claris
Clarisa
Clarissa
Clarisse
Clarita
Clarity
Clarizza
Clark
Clarke
Clary
Clasina
Claude
Claudean
Claudette
Claudia
Claudie
Claudina
Claudine
Clavel
Clea
Clelia

Clélie
Clely
Clematis
Clémence
Clemencia
Clemency
Clementina
Clementine
Clemmie
Cleo
Cleone
Cleopatra
Cleora
Cleotha
Cleotilde
Cleta
Clidhna
Clio
Cliodhna
Cliona
Clochette
Clodagh
Cloe
Clora
Clorinda
Cloris
Clothilde
Clotilda
Clotilde
Clotille
Clove
Clover
Clyda
Clymene
Clytie
Cobie
Cocheta

Cochrann
Coco
Cocoa
Codi
Codie
Cody
Coelee
Coeli
Colbie
Colby
Coleen
Coletta
Colette
Coley
Colie
Coline
Colleen
Collette
Collins
Collyn
Columba
Columbia
Columbine
Comfort
Conceicao
Concepcion
Concetta
Concha
Conchita
Concordia
Conner
Connery
Conni
Connie
Connolly
Constança
Constance

Constancia
Constantia
Constantina
Constanza
Constanze
Consuela
Consuelo
Contessa
Copeland
Coppelia
Copper
Cora
Corabel
Corabella
Corabelle
Coraima
Coral
Coralee
Coralia
Coralie
Coralina
Coraline
Coralise
Coralye
Coralynne
Coranne
Corazon
Corda
Cordelia
Cordella
Cordessa
Cordia
Cordie
Corealana
Coree
Coreen
Coreene

Corelia
Corella
Corene
Coretta
Corette
Corey
Cori
Coriander
Corie
Corina
Corine
Corinna
Corinne
Corinth
Corinthia
Corisande
Corissa
Corissia
Corita
Corky
Corla
Corliss
Cornelia
Corona
Corran
Correene
Corri
Corriana
Corrie
Corrigan
Corrine
Corryn
Cortana
Cortney
Cortnie
Corva
Cory

Coryn
Corynn
Cosette
Cosima
Cosma
Cosmina
Costanza
Courey
Courtenay
Courteney
Courtland
Courtlin
Courtlyn
Courtlynn
Courtney
Cova
Coya
Cozette
Creda
Cree
Creeda
Creola
Cresanna
Crescence
Crescencia
Crescent
Crescentia
Cresence
Cressa
Cressida
Cricket
Crimson
Crisiant
Crispina
Crissy
Crista
Cristabel

Cristabell
Cristal
Cristalyn
Cristela
Cristen
Cristiana
Cristin
Cristina
Cristy
Cruella
Crunchi
Cruz
Crysta
Crystal
Crystal-Rose
Csilla
Cuca
Currin
Curry
Cwen
Cyan
Cyane
Cybele
Cybil
Cydnee
Cydney
Cydonia
Cyleigh
Cymani
Cymbre
Cynara
Cyndee
Cyndi
Cyndy
Cynlee
Cynorah
Cyntha

Cynthia
Cynthianna
Cypress
Cyra
Cyrille
Céline

D

Da-xia
Dabney
Dacey
Daci
Dacia
Daciana
Dacy
Daegan
Daeja
Daela
Daelyn
Daenerys
Dafna
Dafne
Dafni
Daggi
Dagmar
Dagmara
Dagny
Dahl
Dahlia
Dahyun
Daiana
Daija
Dailey

Daily
Dailyn
Daire
Dairrica
Daisey
Daisha
Daisia
Daisy
Daisy-Mae
Daiya
Daja
Dakota
Dalary
Dale
Dalee
Dalena
Daleyza
Dalia
Dalila
Dalilah
Dalinda
Dalisay
Dalisha
Daliyah
Dallace
Dallas
Dallis
Dallyce
Dalma
Dalya
Damara
Damaris
Damhnait
Damiana
Damiane
Damita
Dana

Danae
Danaiah
Danalyn
Danara
Danataya
Danaya
Danby
Daneen
Daneira
Danelle
Danesah
Danette
Daneysha
Danger
Dani
Dania
Danica
Daniela
Daniele
Daniella
Danielle
Danijah
Danijela
Danika
Danila
Danita
Daniyah
Danjela
Danna
Danneel
Dannie
Danniella
Dannielle
Dannika
Dannyn
Danteja
Danu

Danuta
Danya
Danyelle
Daphene
Daphna
Daphne
Daphnée
Daphnie
Dara
Daralyn
Darbi
Darbiana
Darbie
Darby
Darcella
Darcey
Darcey-Mae
Darci
Darcie
Darcy
Daria
Darian
Dariela
Darien
Darja
Darky
Darla
Darleen
Darlena
Darlene
Darletta
Darley
Darlin
Darline
Darlynn
Darquise
Darra

Darrah	Dayja	Dedra
Darreth	Dayla	Dee
Darryn	Dayle	DeeAnn
Darshan	Daylee	DeeAnna
Darthula	Dayleigh	Deedee
Darya	Daylen	Deena
Daryl	Dayna	Deepti
Daryon	Dayne	Defne
Dasha	Dayton	Deianira
Dashielle	Daytona	Deidamia
Dasia	Dayvee	Deidra
Dassah	Dea	Deidre
Datha	Dean	Deirdre
Daton	Deana	Deisy
Dava	Deandra	Deja
Davalyn	Deangela	Dejah
Davanee	Deanica	Dejalena
Daveigh	Deann	Dejanae
Daveney	Deanna	Dejani
Davette	Deanndra	Dejanira
Davia	Deanne	Dejianna
Daviana	Dearbhail	Dekotha
Davida	Dearbhla	Delaina
Davina	Deasia	Delaine
Davinder	Deb	Delainey
Davinee	Debbi	Delana
Davita	Debbie	Delancey
Dawn	Debbra	Delancy
Dawna	Debby	Delaney
Dawnalee	Debelah	Delanie
Dawsyn	Debi	Delany
Day	Debjani	Delara
Daya	Debora	Delayne
Dayami	Deborah	Delen
Dayan	Debra	Delenn
Dayana	Debrah	Delentha
Dayanara	December	Deletha

Delfina
Delfine
Delgadina
Delia
Deliah
Delicia
Delight
Delila
Delilah
Delina
Delisa
Delisha
Dell
Della
Delma
Delois
Delora
Delores
Deloris
Delpha
Delphia
Delphina
Delphine
Delphinia
Delphinium
Delta
Delun
Delwyn
Delylah
Delyn
Delysia
Delyth
Dema
Demaris
Demelza
Demeter
Demetra

Demetria
Demetrice
Demi
Demitra
Dena
Denali
Denaye
Denbeigh
Denee
Deneen
Deni
Denia
Denice
Denielle
Denika
Denine
Denisa
Denise
Denisha
Denisia
Denisse
Deniz
Denna
Dennise
Dennon
Denya
Deogracia
Deolinda
Deondra
Deonna
Dereka
Dervla
Deryn
Desdemona
Deshae
Desi
Desideria

Desirae
Desiray
Desire
Desirea
Desiree
Desirie
Desislava
Desneiges
Despina
Dessa
Dessie
Dessy
Desta
Destanee
Destany
Destinee
Destiney
Destini
Destinie
Destiny
Destri
Destyni
Deva
Devan
Devanie
Devannie
Devany
Devanya
Deven
Devere
Devereaux
Devi
Devin
Devina
Devinder
Devinne
Devlyn

Devoireh	Diane	Dione
Devon	Dianella	Dionna
Devona	Dianey	Dionne
Devonie	Diann	Diora
Devonne	Dianna	Diotima
Devony	Dianne	Disa
Devora	Dianora	Dita
Devorah	Diantha	Divanshi
Devorgilla	Diara	Diviana
Devra	Diavian	Divina
Devri	Dicey	Divine
Devyn	Dicy	Divinity
Dewayna	Didina	Divya
Dexlee	Dido	Dixie
Deyanira	Diedre	Diya
Deyna	Diem	Djuna
Dezabia	Digna	Dmitriana
Dezirae	Dileyna	Docia
Deziraye	Dillen	Dodai
Dezzie	Dillon	Dodie
Dganit	Dillyn	Doireann
Dhana	Dilys	Doliana
Dharani	Dimitra	Dolla
Dharma	Dimitri	Dolley
Dhriti	Dimitroula	Dollie
Di	Dimity	Dolly
Dia	Dimple	Dolorea
Diadama	Dina	Dolores
Diamanda	Dinah	Doloris
Diamanta	Dinalee	Dolorosa
Diamanto	Dinara	Dolphin
Diamira	Dinella	Domenica
Diamond	Dineo	Domicela
Dian	Dinesha	Dominga
Diana	Dinh	Domini
Diancia	Dinitia	Dominica
Diandra	Dinorah	Dominika

Dominique
Domino
Dominque
Domonique
Dona
Donata
Donatella
Donea
Donel
Donella
Donelle
Donia
Doniella
Donielle
Donita
Donna
Donna Jo
Donnelly
Donnie
Doone
Dora
Doraine
Dorathy
Dorcas
Dorea
Doreen
Doreena
Dorene
Dorete
Doretha
Dori
Doria
Dorian
Doriana
Doriane
Dorianne
Dorina

Dorinda
Dorine
Doris
Dorit
Dorka
Dorla
Dorota
Dorotea
Dorotha
Dorothea
Dorothy
Dorotta
Dorottya
Dorrie
Dorrin
Dorris
Dorry
Dorte
Dortha
Dorthy
Dory
Doshia
Doshie
Dot
Dottie
Dotty
Doutzen
Dove
Dovey
Dovie
Draden
Dragana
Drametha
Drea
Dream
Dreama
Dree

Drema
Dresden
Drew
Drienne
Drishya
Drita
Dru
Drucilla
Drue
Druscilla
Drusilla
Dua
Duana
Dufa
Dulce
Dulcia
Dulciana
Dulcibella
Dulcie
Dulcina
Dulcinea
Dunia
Dunja
Dusta
Dusti
Dustina
Dusty
Dutchess
Dvorah
Dwynwen
Dyan
Dyani
Dyann
Dyanna
Dylan
Dylana
Dé

E

Ea
Eadoin
Eara
Earnestine
Eartha
Eastan
Easter
Eastleigh
Easton
Eavan
Eaven
Ebba
Ebbie
Ebonee
Eboni
Ebonnie
Ebony
Ebrill
Ebru
Ecaterina
Echo
Eda
Edana
Edda
Eddie
Edel
Edele
Edelia
Edeline
Edelle
Edelmira

Edelweiss
Eden
Edie
Edina
Edita
Edith
Editta
Edmonia
Edna
Edoliah
Edrie
Eduarda
Eduwiges
Edviga
Edvige
Edward
Edwardine
Edwige
Edwina
Edye
Edyta
Edyth
Edytha
Edythe
Eevee
Eevi
Efa
Effie
Effy
Efrat
Efthimia
Eftychia
Eglantine
Egypt
Eibhlín
Eidel
Eija

Eila
Eilah
Eilan
Eilat
Éile
Eileen
Eileene
Eiley
Eiliana
Eilidh
Eilika
Eilinora
Éilís
Eilish
Eiliyah
Eilonwy
Eiluned
Eilwen
Eily
Eimear
Eira
Eireann
Eirene
Eirian
Eirin
Eirini
Eirlys
Eirwen
Eiry
Eisla
Eisley
Eislyn
Eithne
Eivet
Ekaterina
Ekaterini
Ela

Elaina
Elaine
Elais
Elana
Elani
Elanna
Elanor
Elanora
Elaphia
Elara
Elaria
Elaura
Elayna
Elayne
Elba
Elberta
Elda
Eldbjørg
Eldora
Eléa
Eleana
Eleanna
Eleanor
Eleanora
Eleanore
Elearie
Elease
Electa
Electra
Eleena
Eleftheria
Eleisha
Elektra
Elen
Elena
Elene
Eleni

Elenia
Elenka
Elenna
Elenor
Elenora
Elenore
Eleonoora
Eleonora
Eleonore
Eleora
Eleri
Elery
Elessa
Elestren
Eletha
Elettra
Elexandra
Elexena
Elexia
Elexina
Elexine
Elfa
Elfie
Elfleda
Elfreda
Elfrida
Elfrieda
Elfriede
Eli
Elia
Eliamar
Eliana
Eliane
Elianna
Eliarys
Elida
Elidia

Eliette
Elif
Eliisa
Elin
Elina
Elinda
Eline
Elinor
Elinora
Elinore
Eliora
Eliot
Eliotte
Elira
Elisa
Elisabelle
Elisabet
Elisabeta
Elisabeth
Elisabetha
Elisabetta
Elisabette
Elisangela
Elisavet
Elise
Elisha
Elisheba
Elisheva
Elisia
Eliska
Elissa
Elissia
Elithea
Elitsa
Elivia
Elixane
Eliya

Eliza	Ellias	Elodia
Elizabell	Elliauna	Elodie
Elizabella	Ellicia	Eloina
Elizabelle	Ellie	Elois
Elizabeta	Ellieana	Eloisa
Elizabeth	Ellieka	Eloise
Elizandra	Elliette	Elona
Elizaveta	Ellika	Elora
Elize	Ellin	Elorah
Elizebeth	Ellina	Eloriah
Elka	Ellinette	Elouera
Elke	Ellington	Elouise
Ella	Ellinor	Elowen
Ella-mae	Elliot	Elowyn
Elladora	Elliott	Elphaba
Ellajean	Elliotte	Elpida
Ellamae	Ellis	Elsa
Ellar	Ellisia	Elsabeth
Ellasyn	Ellison	Elsanna
Elle	Elliw	Elsbeth
Ellea	Elliya	Else
Elleanor	Elloa	Elsha
Ellen	Elloise	Elsie
Ellena	Ellone	Elsje
Ellenie	Ellora	Elspet
Ellenor	Ellorie	Elspeth
Elleny	Ellory	Elsy
Ellerie	Ellowyn	Elta
Ellery	Elly	Elula
Ellesa	Ellyn	Eluned
Ellessa	Ellysia	Elva
Ellexa	Elma	Elvah
Ellexis	Elmera	Elvera
Elli	Elmira	Elvia
Ellia	Elna	Elvie
Elliana	Elnara	Elvina
Ellianna	Elnora	Elvira

Elvire	Emberlain	Emila
Elvisa	Emberlee	Emilee
Elwy	Emberley	Emileigh
Elwyn	Emberly	Emilia
Elya	Emberlyn	Emiliana
Elyanna	Emberlynn	Emilie
Elyannah	Embeth	Emilija
Elyia	Embla	Emilina
Elynn	Emblyn	Emilly
Elynor	Embrace	Emily
Elyon	Embry	Emilyn
Elyse	Emele	Emilynne
Elysha	Emeleth	Emina
Elysia	Emeli	Emira
Elysian	Emelia	Emiri
Elyssa	Emeliana	Emlyn
Elysse	Emelie	Emma
Elyvia	Emelina	Emmalie
Elza	Emeline	Emmalina
Elzbieta	Emelissa	Emmaline
Elzi	Emelisse	Emmalise
Elzina	Emely	Emmaly
Ema	Emelyn	Emmalyn
Emaan	Emer	Emmalynn
Emagine	Emerald	Emmanuelle
Emalee	Emeraude	Emmarie
Emalei	Emeria	Emmary
Emalina	Emerie	Emme
Emaline	Emerson	Emmit
Emallie	Emersyn	Emmlyn
Emalyn	Emery	Emmy
Eman	Emeryn	Emmylou
Emanuela	Emese	Emogen
Emanuella	Emi	Emogene
Emanuelle	Emica	Emőke
Emarie	Emika	Emorie
Ember	Emiko	Emory

Empress	Ephrath	Erma
Emree	Ephtehia	Ermelinda
Emrick	Epiphany	Ermengarde
Emry	Epona	Erminia
Emsley	Eponine	Ermintrude
Emy	Eppie	Ermioni
Emyli	Era	Erna
Ena	Erato	Ernestina
Encarnacion	Ercilia	Ernestine
Endellion	Erela	Erowyn
Endelyn	Erendira	Errika
Endora	Ereni	Errin
Enedelia	Eriah	Errol
Enedina	Eriana	Ersilia
Eneida	Erianna	Eryn
Eneroliz	Erica	Erynn
Enfys	Ericha	Erynne
Engelisa	Ericka	Erzsébet
Engla	Erie	Esabella
English	Eriel	Eseld
Engracia	Eriella	Esfir
Enid	Erielle	Esha
Eniola	Erika	Esiree
Enity	Eriko	Eskai
Enjoli	Erilyn	Eslanda
Enna	Erin	Esma
Enni	Erinn	Esmae
Enola	Erinna	Esme
Enora	Eris	Esmee
Enrica	Erisa	Esmeralda
Enriqueta	Erissa	Esmeray
Enya	Erista	Esmerie
Enyo	Erith	Esmira
Eoduin	Eriu	España
Eos	Erlene	Esperance
Eowyn	Erlinda	Esperanza
Ephie	Erline	Esphyr

Esra
Esra'a
Essalie
Essence
Essie
Essra
Esta
Estée
Estefana
Estefani
Estefania
Estefany
Estela
Estelia
Estell
Estella
Estelle
Estember
Ester
Estera
Esteri
Esterina
Esther
Esti
Estibaliz
Estivalis
Estrella
Estrellita
Estrild
Esty
Esyllte
Eszter
Eszti
Etahjayne
Étaín
Etelka
Eternity

Etha
Ethel
Ethelene
Ethelyn
Ethelyne
Ethna
Ethne
Ethney
Ethnie
Ethyl
Ethylene
Etna
Etoile
Etta
Ette
Ettie
Ettien
Euanthe
Eudocia
Eudora
Eudosia
Eudotia
Eudoxia
Eudoxie
Eufemia
Eufrasia
Eufrozina
Eugenia
Eugenie
Eula
Eulah
Eulala
Eulalia
Eulalie
Euletta
Euna
Eunice

Eunicia
Euniecia
Euodia
Eura
Europa
Eurydice
Eusebia
Eustacia
Eva
Eva Marie
Eva-Lynn
Evabelle
Evadne
Evalee
Evaleigh
Evalie
Evalina
Evaline
Evalinn
Evalyn
Evalynn
Evalynne
Evan
Evaña
Evandra
Evanee
Evanesca
Evangalista
Evangelia
Evangelica
Evangelina
Evangeline
Evangelique
Evangelynn
Evania
Evann
Evanna

Evanne
Evanora
Evanthe
Evanthia
Evany
Evarista
Evdokia
Evdokiya
Evdoxia
Eve
Eve-Marie
Evedene
Eveleen
Evelia
Evelien
Evelin
Evelina
Eveline
Eveling
Evelyn
Evelyne
Evelynn
Evelynne
Evening
Ever
Everallin
Everest
Everett
Everild
Everine
Everita
Everle
Everlee
Everleigh
Everley
Everlie
Everly

Everlynn
Evermoore
Evermore
Evernie
Evette
Evey
Evgenia
Evgenija
Evia
Eviana
Evianna
Evie
Evienne
Eviris
Evis
Evita
Evniki
Evolet
Evon
Evonne
Evony
Evora
Evvie
Evy
Evyenia
Ewa
Ewelina
Exene
Exie
Eyre
Ezra
Ezri

F

Fabiana
Fabienne
Fabiola
Fabrizia
Fae
Faedra
Faël
Faelynn
Fahima
Faidra
Faiga
Faigel
Faiqa
Fairamay
Fairlie
Fairlight
Fairuza
Fairy
Faith
Faithful
Faiza
Fajga
Fala
Faline
Fallon
Fallyn
Falon
Famke
Fannie
Fanny
Fantasia
Fantine

Fara
Farah
Fareena
Faria
Farida
Faridah
Farin
Farishta
Farlyn
Farrah
Farren
Farrow
Farwah
Faryn
Fate
Fatima
Fatma
Fatoumata
Faun
Fausta
Faustina
Faustine
Fawn
Fawne
Fay
Faya
Faye
Fayla
Faylee
Fayrah
Fayth
Faythe
Fe
Fearne
Feather
Febe
February

Federica
Fedora
Feigel
Felecia
Felesha
Felice
Felicia
Feliciana
Felicidad
Felicita
Felicitas
Felicite
Felicitti
Felicity
Felienne
Felina
Felipa
Felisa
Felisha
Felixa
Feliz
Felizia
Femke
Femma
Fenella
Fenisia
Fenna
Fenris
Feodora
Feodosia
Ferdinando
Ferelith
Fermina
Fern
Fernanda
Fernande
Ferne

Ferre
Ferrin
Feyre
Ffion
Fflur
Fia
Fiadh
Fiala
Fiamma
Fiammetta
Fianna
Fidela
Fidelia
Fidelma
Fien
Fiera
Fifi
Filipa
Filippa
Filomena
Fina
Findabair
Finja
Finlay
Finleigh
Finley
Finna
Finnley
Finnula
Finola
Finula
Fion
Fiona
Fionna
Fionne
Fionnuala
Fiora

Fiore	Flossie	Franziska
Fiorela	Floy	Frauke
Fiorella	Flutura	Fraya
Fiorenza	Flynn	Fred
Fireese	Fonda	Freda
Firenze	Forever	Freddie
Flame	Fortuna	Frederica
Flannery	Fortunata	Frèdèrique
Flavia	Fortune	Fredricka
Flavie	Fotini	Freeda
Flechia	Fotoula	Freedom
Flerida	Foxglove	Freelove
Fleta	Fraida	Freema
Fleur	Fran	Freida
Fleurette	Franca	Freja
Flicka	France	Frenchy
Fliss	Francelle	Freya
Flo	Frances	Freyda
Floor	Francesca	Freyde
Flor	Franchesca	Freyja
Flora	Francheska	Frida
Flòraidh	Francia	Friday
Florbela	Francie	Frideriki
Florence	Francille	Frieda
Florencia	Francina	Frith
Florene	Francine	Frona
Florentina	Francis	Frostine
Florentine	Francisca	Fulvia G
Floriana	Franciszka	
Florice	Francoise	
Florida	Frania	
Floride	Franka	
Florimel	Frankie	
Florina	Franklinia	
Florinda	Frannie	Gabby
Florine	Franny	Gabi
Florrie	Franya	Gable

G

Gabourey	Galilea	Gela
Gabrianna	Galilee	Gelain
Gabriel	Galina	Geline
Gabriela	Galit	Gelsey
Gabriele	Gallifrey	Gelsomina
Gabriella	Gamora	Gem
Gabrielle	Gamze	Gema
Gabrriella	Gaoge	Gemma
Gabryella	Garance	Gena
Gaby	Garbo	Genaine
Gaea	Garcelle	Genavee
Gael	Garden	Genavieve
Gaela	Gardenia	Gene
Gaelen	Garland	Genece
Gaelle	Garner	Genesee
Gaelyn	Garnet	Genesia
Gaetana	Garnett	Genesis
Gaia	Garnette	Geneva
Gail	Garrady	Genevie
Gaila	Garrison	Genevieve
Gailey	Gates	Geneviva
Gailyn	Gatha	Genevive
Gaja	Gavi	Genevra
Gala	Gavriela	Genie
Galadriel	Gavriella	Genifer
Galatea	Gayatri	Genise
Galaxie	Gaye	Gennifer
Galaxy	Gayla	Genny
Gale	Gayle	Gennyfer
Galen	Gaylyn	Genova
Galena	Gaylynn	Genovefa
Galene	Gaynell	Genoveffa
Galia	Gaynor	Genoveva
Galiana	Gearldine	Genowefa
Galicia	Geena	Genta
Galilahi	Geertruida	Gentry
Galilani	Geeta	Genvieve

George
Georgeanne
Georgene
Georgeta
Georgette
Georgia
Georgiana
Georgianna
Georgianne
Georgie
Georgina
Georgine
Geovana
Geraldean
Geraldina
Geraldine
Geralyn
Gerarda
Gerd
Gerda
Gergana
Geri
Germaine
Gerri
Gerrianne
Gerry
Gersende
Gertie
Gertrude
Gertrudis
Gesine
Gessica
Gevvie
Ghia
Ghislaine
Ghufran
Gia

Giachetta
Giacinta
Giacoma
Giacomina
Giada
Giana
Gianella
Gianetta
Gianina
Gianna
Giannah
Giannetta
Giannina
Giavanna
Gidget
Gift
Gigi
Gila
Gilberta
Gilda
Gilia
Gillian
Gilly
Gilma
Gina
Ginette
Ginevra
Ginger
Ginna
Ginnie
Ginnifer
Ginny
Gioacchina
Gioconda
Gioia
Giordana
Giorgia

Giorgina
Giovanna
Gisela
Gisele
Gisella
Giselle
Gisselle
Gitana
Gitel
Gitte
Gittel
Giuditta
Giulia
Giuliana
Giulianna
Giulietta
Giuseppa
Giuseppina
Giustina
Giverny
Gizelle
Gjertrud
Glada
Gladiola
Gladis
Gladus
Gladyce
Gladys
Gláucia
Glee
Glema
Glencora
Glenda
Glenna
Glennie
Glennis
Glimmer

Glinda
Gloria
Gloriana
Glorianne
Glorielle
Glory
Glow
Glynda
Glynis
Glynnis
Goda
Godelieve
Godiva
Gohlia
Golda
Golde
Golden
Goldia
Goldie
Goldy
Gomeisa
Goneril
Goretti
Graça
Grace
Gracealice
Gracee
Graceleigh
Gracella
Gracelyn
Gracelynn
Gracen
Gracey
Graci
Gracia
Graciana
Gracie

Graciela
Graciella
Gracionna
Gracyn
Grainne
Gramercy
Grania
Granuaile
Grasia
Gratia
Gratiana
Grauben
Gray
Grayce
Graycee
Graycen
Graycin
Graycn
Grayer
Graylin
Grayson
Grazia
Graziana
Graziella
Grażyna
Grear
Grecia
Greenlee
Greenley
Greer
Greetje
Gregoria
Greisy
Greta
Gretchen
Grete
Gretel

Grethe
Grey
Greylyn
Greysen
Greysi
Gricelda
Grier
Griet
Grigoria
Griselda
Griselle
Grizelle
Gro
Gruaidh
Gry
Guadalupe
Gudfrid
Gudrun
Guendalina
Guenevere
Guglielmina
Guillermin
Guillermina
Guin
Guinevere
Guinn
Gulielma
Gunhild
Gunn
Gunnhild
Gunvor
Gurbir
Gurdev
Guri
Gurleen
Gurmit
Guro

Gussie
Gusta
Guylaine
Gwen
Gwyn

H

Ha
Habiba
Hachi
Haddie
Haddy
Haddyr
Hadeel
Hadiya
Hadiyah
Hadlee
Hadleigh
Hadley
Hadlie
Hadriana
Haelee
Haeley
Haely
Haf
Hafsa
Hafsah
Hagar
Haggith
Haia
Haidee
Haidy
Haidyn

Haila
Haile
Hailee
Haileigh
Hailey
Haili
Hailie
Hailie-jade
Haily
Halcyon
Haldis
Halee
Haleigh
Halen
Haley
Hali
Halia
Halie
Halima
Halina
Halinor
Haliyah
Halle
Hallee
Halley
Halliday
Hallie
Halo
Halona
Halsey
Halyn
Hamest
Hamutal
Hana
Hanae
Hanah
Handan

Hande
Hania
Hanley
Hanna
Hannabella
Hannabelle
Hannah
Hannah-Mae
Hannalee
Hannalore
Hanne
Hanneli
Hannelore
Hannie
Happy
Hara
Hardeep
Hardial
Hareena
Harinder
Haris
Harjinder
Harlean
Harlee
Harleigh
Harlene
Harleth
Harley
Harli
Harlie
Harlow
Harlowe
Harlyn
Harmoni
Harmonia
Harmonie
Harmony

Harolyn	Haydyn	Helen
Harper	Hayelee	Helena
Harpreet	Hayes	Helene
Harriet	Hayla	Helewise
Harriett	Haylee	Helga
Harriette	Haylei	Helia
Hartley	Hayleigh	Heliodora
Haruhi	Hayley	Helle
Haruka	Hayli	Hellen
Haruko	Haylie	Helma
Harvest	Hazel	Helmi
Harvind	Hazeline	Heloise
Hasia	Hazelle	Helori
Hasmig	Hazle	Helsinki
Hasmik	Heather	Helyn
Hassana	Heaven	Hema
Hassie	Heavenly	Hena
Hatisha	Hebe	Hend
Hatsuko	Hedda	Hendrika
Hatsumomo	Hedra	Henny
Hattie	Hedvig	Henria
Hatty	Hedwig	Henrienna
Hava	Hedy	Henrietta
Havana	Heela	Henriette
Havannah	Hege	Henryka
Haven	Heghine	Hensley
Haverly	Heidi	Hephzibah
Havilah	Heidy	Hepzibah
Havily	Heike	Hera
Haviva	Heila	Herkash
Hawa	Heini	Herlinda
Hawise	Hejsa	Herlinde
Haya	Helaina	Hermelinda
Hayastan	Helaine	Hermia
Hayat	Heledd	Hermila
Haydee	Heleena	Hermina
Hayden	Heleentje	Hermine

Herminia
Hermione
Hermosa
Hero
Hersilia
Herta
Hertha
Hesper
Hessie
Hester
Hestia
Hettie
Hetty
Hiba
Hila
Hilaria
Hilarie
Hilary
Hilda
Hilde
Hildegard
Hildegarde
Hildegunn
Hildie
Hildred
Hildur
Hildy
Hilla
Hillari
Hillary
Hilma
Himawari
Hina
Hinari
Hinata
Hind
Hinda

Hinkley
Hinlee
Hiro
Hiromi
Hiwot
Hjördís
Hjørdis
Hoda
Hode
Holiday
Holland
Holley
Holli
Holliday
Hollie
Hollin
Hollis
Hollison
Holliston
Holly
Hollyann
Hollyn
Honalei
Honesty
Honey
Honor
Honora
Honorata
Honorée
Honoria
Honorine
Hope
Hopelyn
Horatia
Hortencia
Hortense
Hortensia

Hosanna
Hotaru
Houston
Hrieya
Hristina
Hrystyna
Hudson
Hue
Hulda
Huldah
Huma
Humaira
Hunter
Huyana
Hye
Hypatia

Ianna
Iantha
Iara
Iavora
Iben
Ibis
Ibiza
Ibolya
Iceley
Icelyn
Ichene
Iciar
Icie
Icy
Ida

Idabel
Idabelle
Idalia
Idalina
Idalis
Idalys
Idawilla
Ideane
Idele
Idelene
Idelette
Idell
Idella
Idina
Idit
Idolina
Idonia
Idony
Idra
Idun
Iesha
Ieva
Iezabel
Ife
Ifeoma
Ifrah
Iga
Ignacia
Igora
Igraine
Iida
Iiris
Ila
Ilah
Ilaia
Ilana
Ilanah

Ilar
Ilaria
Ilda
Ilde
Ildiko
Ilean
Ileana
Ileane
Ilee
Ileen
Ilene
Ilenia
Iley
Ilham
Ilia
Iliana
Iliar
Ililar
Ilithyia
Illiana
Illona
Illyana
Illyria
Ilona
Ilsa
Ilsamae
Ilse
Iluka
Ily
Ilyra
Ilyse
Ilysia
Ilyssa
Ilythia
Ima
Imagine
Iman

Imani
Imari
Imelda
Imnas
Imogen
Imogene
Imola
Impi
Ina
Inaara
Inanna
Inara
Inarah
Inaya
Inbal
Independence
India
Indiana
Indiasa
Indica
Indie
Indigo
Indira
Indra
Indy
Indya
Ine
Ineka
Inell
Ines
Inesh
Ineska
Inessa
Inez
Inga
Inge
Ingebjørg

Ingeborg
Inger
Ingjerd
Ingrid
Ingunn
Ingvild
Iniki
Inira
Inka
Inmaculada
Inna
Innogen
Ino
Inocencia
Inona
Insa
Inslee
Insuaf
Intisar
Invicta
Io
Ioana
Ioanna
Iola
Iolanda
Iolanta
Iolanthe
Iole
Iona
Ione
Ionela
Ionia
Iosefini
Iosifina
Ioulia
Iouliana
Ioulietta

Iounia
Ioustini
Iowa
Iphigenia
Ira
Iracema
Iraina
Irasema
Irati
Ireana
Ireland
Irelee
Irely
Irelyn
Irelynn
Irem
Iren
Irena
Irene
Iresine
Iria
Iridessa
Irie
Irina
Irini
Iris
Irisa
Irja
Irma
Irmegard
Irmgarde
Irmhild
Iro
Irulan
Isa
Isabeau
Isabel

Isabela
Isabeli
Isabelina
Isabell
Isabella
Isabelle
Isabelline
Isabeth
Isabetta
Isadora
Isalia
Isaline
Isamar
Isannah
Isaura
Isaure
Isavella
Iscah
Iseabail
Isela
Iselda
Iselin
Iselle
Iselyn
Iset
Iseult
Isha
Ishani
Ishara
Ishbel
Ishmel
Isidora
Isioma
Isis
Isla
Islay
Isledith

Islene
Islette
Isley
Islyn
Ismae
Ismay
Ismene
Ismeni
Ismerai
Ismeria
Ísmey
Ismini
Isobel
Isobella
Isobelle
Isola
Isolde
Isolene
Isolina
Isolyn
Isora
Isotta
Isqesia
Isra
Israa
Israel
Israella
Issa
Issabella
Istra
Isy
Itala
Italia
Italiah
Italy
Itati
Itsuki

Itzal
Itzayana
Itzel
Itzia
Iuile
Iulia
Iuliana
Iustina
Iva
Ivah
Ivaleine
Ivalo
Ivalyce
Ivana
Ivani
Ivanka
Ivanna
Iveigh
Ivelisse
Ivette
Ivona
Ivonne
Ivory
Ivy
Ivyna
Iwona
Ixchel
Ixia
Ixora
Iya
Iyana
Iyanna
Iyla
Iysabel
Izabel
Izabela
Izabella

Izabelle
Izabett
Izaskun
Izell
Izetta
Iziane
Izusa
Iúile

J

Jabre
Jacalyn
Jacee
Jacelyn
Jacelynn
Jacey
Jacie-Ann
Jacinda
Jacinta
Jacintha
Jacinthe
Jackeline
Jackelyn
Jackie
Jackleen
Jacklyn
Jacklynn
Jackquelin
Jaclyn
Jacoba
Jacobina
Jacolyn
Jacomina

Jacqi	Jagtar	Jamaica
Jacque	Jahdiel	Jamariyah
Jacquelin	Jahnavi	Jamelle
Jacquette	Jahniya	James
Jacqui	Jahzara	Jamesina
Jacquline	Jaibrian	Jameya
Jacqulyn	Jaice	Jami
Jacy	Jaida	Jamia
Jacyn	Jaidan	Jamie
Jacynda	Jaide	Jamie-Lynn
Jacynthe	Jaiden	Jamieson
Jada	Jaidin	Jamila
Jadagrace	Jaidyn	Jamilah
Jadalyn	Jailand	Jamina
Jade	Jailyn	Jamison
Jadelyn	Jaima	Jamisyn
Jaden	Jaimah	Jamiya
Jadeyn	Jaimarie	Jamiyah
Jadie	Jaime	Jammie
Jadis	Jaimee	Jamya
Jadranka	Jaimi	Jamye
Jadrian	Jaimie	Jamyn
Jadwiga	Jaina	Jan
Jadyn	Jaisa	Jana
Jadzia	Jakayla	Janada
Jaede	Jakita	Janae
Jaedyn	Jaklena	Janai
Jaedynne	Jalana	Janaia
Jael	Jalandra	Janaliz
Jaeleigh	Jalanea	Janana
Jaelie	Jaleesa	Janay
Jaelle	Jaleigh	Janaya
Jaelyn	Jalisa	Janaye
Jaelynn	Jalissa	Jancey
Jaffa	Jaliyah	Janda
Jagger	Jalyn	Jane
Jagoda	Jalynn	Janea

Janean	Jannie	Jasmynn
Janeane	Jannika	Jasneha
Janeen	Janny	Jasperine
Janel	Jansen	Jassy
Janell	Janson	Jasvir
Janella	January	Jatae
Janelle	Janyce	Jataunia
Janene	Japera	Jauslyn
Janeska	Japji	Javiera
Janessa	Jaqlyn	Jaxyn
Janet	Jaquelin	Jaya
Janeth	Jaqueline	Jaycee
Janette	Jara	Jaycie
Janey	Jardena	Jayda
Janiah	Jarielle	Jaydah
Janice	Jarima	Jayde
Janie	Jaroslawa	Jayden
Janiece	Jaryn	Jaydyn
Janiela	Jasayla	Jayella
Janina	Jasbinder	Jayelle
Janine	Jasbir	Jayla
Janiqua	Jasdhir	Jaylah
Janis	Jaselle	Jaylee
Janisa	Jasey	Jayleen
Janita	Jasika	Jayleesa
Janiya	Jasilyn	Jaylen
Janiyah	Jasinta	Jaylene
Jann	Jasleen	Jayli
Janna	Jaslene	Jaylie
Jannah	Jaslyn	Jaylin
Janne	Jasmer	Jaylyn
Janneane	Jasmijn	Jaylynn
Janneke	Jasmin	Jayma
Jannelle	Jasmina	Jayme
Jannette	Jasminah	Jaymee
Janney	Jasmine	Jaymi
Jannicke	Jasmyn	Jayna

Jayne
Jaynella
Jaysona
Jaz
Jazelle
Jazlene
Jazlin
Jazlyn
Jazlynn
Jazmin
Jazmine
Jazmyn
Jazmyne
Jazz
Jazzelle
Jazzlyn
Jazzlynn
Jazzmin
Jazzmyn
Jazzmyne
Jazzy
Jean
Jeana
Jeane
Jeanene
Jeanette
Jeanie
Jeanine
Jeanlee
Jeanna
Jeanne
Jeannette
Jeannie
Jeannine
Jeannique
Jeanyne
Jedda

Jeffyne
Jefri
Jehanne
Jehona
Jekka
Jelena
Jelia
Jelina
Jelisaveta
Jelise
Jelissa
Jemarica
Jemi
Jemima
Jemina
Jemma
Jemmy
Jen
Jena
Jenae
Jenalie
Jenalynn
Jenava
Jenavie
Jenavieve
Jenay
Jenaye
Jence
Jendra
Jenean
Jeneane
Jenecee
Jenée
Jenell
Jenelle
Jenessa
Jenettia

Jeneva
Jenevieve
Jeni
Jenianna
Jenibeth
Jenica
Jenice
Jenicka
Jenifer
Jenifry
Jenilee
Jenilyn
Jenine
Jenivee
Jenji
Jenn
Jenna
Jennabelle
Jenne
Jennea
Jennefer
Jenni
Jennica
Jennie
Jennifer
Jennika
Jennilie
Jennipher
Jennsen
Jenny
Jenoah
Jensen
Jensey
Jensine
Jensyn
Jensynn
Jentrie

Jentzie
Jenya
Jeraldine
Jereza
Jeri
Jerica
Jerilyn
Jerin
Jerline
Jerri
Jerrica
Jerrie
Jerry
Jersey
Jerusha
Jeryl
Jeselle
Jesenia
Jesica
Jesika
Jeslyn
Jesminder
Jesmyn
Jesmynda
Jess
Jessa
Jessah
Jessaly
Jessalyn
Jessalynn
Jessame
Jessamine
Jessamy
Jessamyn
Jessany
Jesse
Jessemy

Jessenia
Jessi
Jessica
Jessicah
Jessie
Jessika
Jessilyn
Jessique
Jesslyn
Jessyca
Jessye
Jessyka
Jestina
Jesus
Jesusa
Jesy
Jetta
Jette
Jettie
Jewel
Jewelia
Jewelianne
Jewell
Jexi
Jeyne
Jezabel
Jezabelle
Jezebel
Jezelle
Jezmine
Jezra
Jhené
Jhenna
Jia
Jiana
Jianne
Jifinder

Jill
Jillaine
Jillana
Jillene
Jillian
Jilliana
Jillianne
Jillyn
Jimena
Jimilia
Jimmie
Jina
Jing
Jinger
Jinia
Jinjer
Jinny
Jinora
Jinsy
Jiraiya
Jisinia
Jitka
Jiya
Jizelle
Jlynn
Jo
Joah
Joaida
Joan
Joana
Joanie
Joaninha
Joann
Joanna
Joanne
Joannie
Joaquina

Jobyna	Johnna	Jonquil
Jocasta	Johnnie	Jonty
Joceline	Johnny	Jora
Jocely	Joi	Jorah
Jocelyn	Joie	Jorality
Jocelyne	Joisy	Jordan
Jocelynn	Joiya	Jordana
Jochebed	Jojo	Jordanka
Jocleta	Jolaife	Jordanna
Joclyn	Jolan	Jordanne
Jodee	Jolana	Jordenne
Jodelle	Jolanda	Jordie
Jodette	Jolanta	Jordin
Jodi	Jolee	Jordy
Jodie	Joleen	Jordyn
Jody	Joleigh	Jordynn
Joe	Jolene	Jorelle
Joela	Jolette	Joretta
Joelea	Jolie	Jorga
Joelene	Jolina	Jorgia
Joella	Joline	Jori
Joelle	Jolisa	Jorid
Joellen	Jolynn	Jorie
Joellyn	Jomana	Jorine
Joely	Jóna	Jorja
Joene	Jonatha	Jorjiana
Joesette	Jonbenet	Jorlin
Joetta	Jonda	Jorun
Joey	Jondy	Jorunn
Johana	Jonelle	Josafina
Johanna	Jonet	Josalina
Johannah	Joni	Josaly
Johanne	Joni leah	Josalyn
Johari	Jonina	Josannah
Johna	Jonna	Joscelin
Johnette	Jonni	Joscelyn
Johnie	Jonnie	Josée

Josefa	Jovita	Julia-Louise
Josefiina	Joy	Juliana
Josefin	Joy Anna	Juliane
Josefina	Joya	Juliani
Josefine	Joyann	Juliann
Joselda	Joyanna	Julianna
Joselin	Joyce	Julianne
Joseline	Joycelyn	Julie
Joselyn	Joye	Juliea
Josepha	Joyelle	Julieann
Josephina	Joylynn	Julieanne
Josephine	Joyzelle	Julienna
Josette	Jozefa	Julienne
Joshie	Jozefien	Juliet
Josia	Jozefin	Julieta
Josiane	Juana	Julieth
Josie	Juanev	Julietta
Josielle	Juanita	Juliette
Joslin	Jubilee	Julija
Joslyn	Jude	Julina
Joss	Judee	Julisa
Josseline	Judi	Juliska
Josselyn	Judie	Julissa
Jossie	Judit	Julita
Josslyn	Judita	Julitta
Josslynn	Judite	Juliza
Joule	Judith	Jullie
Jourdain	Judy	July
Jourdan	Juinita	Julyana
Jourden	Jula	Juna
Journee	Julee	June
Journey	Juleigha	Juneau
Jovana	Julene	Junella
Jovanna	Julep	Junette
Jovano	Jules	Juni
Jovie	Juli	Junia
Jovienne	Julia	Junie

Junifa
Juniper
Juno
Jupiter
Jurgita
Jurnee
Justice
Justina
Justine
Juul

K

Kaawa
Kabibe
Kabira
Kacey
Kachina
Kaci
Kacibrel
Kacie
Kacy
Kadejah
Kaden
Kadence
Kadesha
Kadie
Kadience
Kadin
Kadison
Kady
Kadyn
Kadynce
Kaede
Kaeden

Kaedy
Kaedyn
Kaegan
Kaela
Kaelah
Kaeleigh
Kaeley
Kaeli
Kaelia
Kaelie
Kaelin
Kaely
Kaelyn
Kaelynn
Kaelynne
Kaena
Kagome
Kahealani
Kahlan
Kahlen
Kahli
Kahlia
Kahlika
Kahlila
Kahlo
Kahnay
Kai
Kaia
Kaiah
Kaiala
Kaianna
Kaida
Kaidee
Kaidence
Kaidyn
Kaie
Kaija

Kaila
Kailah
Kailani
Kaile
Kailea
Kaileah
Kailee
Kaileena
Kaileigh
Kailey
Kailia
Kailin
Kailla
Kaille
Kaillie
Kaily
Kailyn
Kailynn
Kailynne
Kaimee
Kainalu
Kairah
Kairi
Kairy
Kaisa
Kaisee
Kaisley
Kait
Kaiti
Kaitlen
Kaitlin
Kaitlyn
Kaitlyne
Kaitlynn
Kaitlynne
Kaitrin
Kaity

Kaiulani	Kallan	Kamila
Kaiva	Kalli	Kamilah
Kaiya	Kallie	Kamilė
Kaiye	Kalliniki	Kamilia
Kaizer	Kalliope	Kamilla
Kaja	Kalliopi	Kamille
Kajsa	Kallista	Kamlyn
Kakalina	Kallisto	Kamma
Kako	Kally	Kammie
Kala	Kallysta	Kamora
Kalani	Kalmia	Kamri
Kalasin	Kaltun	Kamrie
Kalea	Kalyani	Kamry
Kalee	Kalyca	Kamryn
Kaleena	Kalyn	Kamrynn
Kaleia	Kalynda	Kamya
Kaleigh	Kalynn	Kamyra
Kalena	Kalynne	Kana
Kalene	Kalysta	Kanani
Kalera	Kama	Kanata
Kalere	Kamala	Kanchan
Kaley	Kamalei	Kandace
Kali	Kamara	Kandi
Kalia	Kamari	Kandice
Kaliana	Kamaria	Kandie
Kalie	Kamaya	Kandis
Kalika	Kamaye	Kandra
Kalila	Kamber	Kandy
Kalilah	Kambree	Kandyhn
Kalimba	Kambri	Kanella
Kalina	Kambrie	Kani
Kalinda	Kamdyn	Kanika
Kaliope	Kamea	Kaniqua
Kalissa	Kameron	Kannon
Kalista	Kameryn	Kansas
Kalita	Kami	Kanupriya
Kaliyah	Kamia	Kanya

Kaori	Karla	Karter
Kaprinta	Karlan	Karuna
Kara	Karlee	Kary
Karah	Karleigh	Karyme
Karalee	Karlene	Karyn
Karalina	Karley	Karyna
Karalyn	Karli	Karyssa
Karamia	Karliah	Kasandra
Karan	Karlie	Kasanita
Karanne	Karling	Kasey
Karcey	Karlotta	Kasha
Kareema	Karly	Kashi
Kareen	Karlyn	Kasia
Kareena	Karlyssa	Kasie
Karel	Karma	Kasmira
Karen	Karmala	Kassady
Karena	Karmen	Kassah
Karenna	Karmil	Kassandra
Karesa	Karna	Kassi
Karessa	Karol	Kassia
Kari	Karola	Kassidy
Karianne	Karolin	Kassie
Karidee	Karolina	Kassioni
Karie	Karoline	Kassity
Karigan	Karolyn	Kassy
Karilynn	Karon	Kastyn
Karime	Karou	Kasumi
Karin	Karren	Kat
Karina	Karri	Kata
Karine	Karrie	Katala
Karis	Karrigan	Katalia
Karisa	Karrington	Katalin
Karishma	Karris	Katalina
Karisma	Karrisa	Katalyn
Karissa	Karryghan	Katana
Karita	Karstyn	Katania
Karitas	Karsyn	Katara

Katariina	Kathryne	Katsa
Katarina	Kathy	Katsiaryna
Katarine	Kathyria	Kattie
Kataryna	Kati	Katy
Katarzyna	Katia	Katya
Katchen	Katiana	Katyann
Kate	Katianna	Katyna
Katelin	Katie	Kavelle
Katell	Katilyn	Kaveri
Katelya	Katilynn	Kavita
Katelyn	Katin	Kavya
Katelynn	Katina	Kay
Katelynne	Katinka	Kaya
Katenka	Katiya	Kayah
Kateri	Katja	Kayce
Katerin	Katla	Kaycee
Katerina	Katlin	Kaycie
Katerine	Katlina	Kayda
Katey	Katlyn	Kaydee
Kathaleen	Katlynn	Kayden
Katharina	Katniss	Kaydence
Katharine	Katoria	Kaydra
Katharyn	Katra	Kaye
Katherin	Katrena	Kayla
Katherina	Katresa	Kaylah
Katherine	Katri	Kaylan
Katheryn	Katriane	Kaylana
Katheryne	Katrianna	Kaylani
Kathi	Katrice	Kaylea
Kathia	Katriel	Kaylee
Kathie	Katrien	Kayleen
Kathiria	Katriina	Kayleigh
Kathleen	Katrijn	Kaylen
Kathlyn	Katrin	Kaylene
Kathrina	Katrina	Kayley
Kathrine	Katrine	Kayli
Kathryn	Katrinka	Kayliana

Kaylianne
Kaylie
Kayliegh
Kaylin
Kayloni
Kaylor
Kaylyn
Kaylynn
Kaylynne
Kayna
Kayra
Kayse
Kaysi
Kaysie
Kaytlin
Kazandra
Kaziah
Kazimiera
Kazzandra
Ke$ha
Ke' Ondra
Kea
Keala
Kealia
Kealoha
Keana
Keani
Keara
Kearson
Keatley
Keatlyn
Keavy
Kecia
Keda
Kedma
Keeah
Keegan

Keela
Keeley
Keelia
Keelin
Keely
Keelyn
Keena
Keeria
Keersten
Keesha
Keeva
Keeyush
Kehau
Keheley
Keiani
Keiara
Keighan
Keighley
Keiko
Keila
Keilah
Keilani
Keilani Sky
Keilee
Keily
Keimy
Keira
Keiralee
Keirsta
Keiryn
Keisha
Keishla
Keisy
Keitha
Kejanae
Kekepania
Kekilia

Kelani
Kelby
Kelcee
Kelcey
Kelci
Kelcie
Kelda
Keleigh
Kelendria
Kelenna
Keli
Kelia
Keliah
Kelina
Kelis
Keliyah
Kellee
Kelleen
Kelleigh
Kellene
Keller
Kellesha
Kelley
Kelli
Kelli-ann
Kellianne
Kellie
Kellii
Kellina
Kelly
Kelly-Marie
Kellyanne
Kellyn
Kelsa
Kelsea
Kelsee
Kelsey

Kelsi	Kensa	Kerryn
Kelsie	Kensington	Kerstin
Kelsy	Kensley	Kerstina
Kelti	Kentley	Kertle
Keltie	Kenya	Kerttu
Kely	Kenyada	Kesari
Kelyn	Kenyatta	Kesha
Kemelly	Kenza	Keshia
Kemery	Kenzie	Kesiah
Kenadee	Kenzington	Kesley
Kenadie	Kenzinton	Kesli
Kenda	Kenzlie	Keslyn
Kendahl	Keomi	Kessie
Kendal	Keona	Kessla
Kendall	Kera	Kesslee
Kendalle	Keren	Kesslie
Kendell	Kerensa	Kessly
Kendra	Kerenza	Kestrel
Kendrix	Keri	Ketevan
Kendy	Kerianne	Ketina
Kendyl	Kerin	Kettra
Kendyleigh	Kerisa	Ketura
Kendyll	Kerishia	Keturah
Kenede	Kerison	Ketzalli
Kenia	Kerith	Keva
Kenlee	Kerli	Keyara
Kenley	Kerlisia	Keyla
Kenlyn	Kerra	Keyna
Kenna	Kerri	Keyne
Kennadi	Kerria	Keyona
Kennadie	Kerriann	Kezeah
Kennady	Kerrie	Kezia
Kennedi	Kerrigan	Keziah
Kennedy	Kerrin	Kezya
Kennera	Kerrirose	Kezziah
Kennette	Kerrstin	Khadeeja
Kennis	Kerry	Khadejah

Khadija	Kiba	Kimberlynn
Khadijah	Kida	Kimbra
Khaleesi	Kidada	Kimery
Khalela	Kiela	Kimika
Khalfanee'	Kiele	Kimiko
Khali	Kielle	Kimimila
Khalida	Kiely	Kimisha
Kharisma	Kiera	Kimm
Kharlia	Kierah	Kimmie
Kharlie	Kieran	Kimmy
Kharlotte	Kiernan	Kimonia
Khataleya	Kierra	Kimora
Khawla	Kierslei	Kimya
Khe'Anna	Kierslyn	Kina
Khera	Kiersten	Kindle
Kherington	Kierstyn	Kindness
Khia	Kieryn	Kindra
Khloe	Kiffany	Kine
Khloee	Kiira	Kineret
Khloei	Kiirah	Kinga
Kholoud	Kika	Kingsleigh
Khora	Kiki	Kingsley
Khoza	Kiko	Kinlee
Khristian	Kiku	Kinley
Khristina	Kiley	Kinnery
Khya	Kilmeny	Kinnia
Khyany	Kim	Kinnor
Kia	Kima	Kinsey
Kiah	Kimba	Kinslee
Kiana	Kimber	Kinsley
Kianna	Kimberlee	Kinvara
Kianne	Kimberleigh	Kinza
Kiara	Kimberley	Kinzey
Kiarelys	Kimberli	Kinzie
Kiarn	Kimberlin	Kinzy
Kiarra	Kimberly	Kioka
Kiava	Kimberlyn	Kiona

Kiowa
Kira
Kiralescense
Kiran
Kirby
Kirci
Kiri
Kiriana
Kirjah
Kirke
Kirov
Kirpa
Kirra
Kirrali
Kirralie
Kirrea
Kirrilie
Kirrily
Kirryn
Kirsa
Kirsi
Kirsie
Kirsta
Kirstal
Kirsten
Kirsti
Kirstie
Kirstin
Kirsty
Kirstyn
Kisha
Kismet
Kistine
Kit
Kitana
Kitarni
Kitianna

Kitiara
Kitka
Kittie
Kitty
Kitzi
Kiva
Kivrin
Kiwa
Kiya
Kiyrah
Kizzie
Kizzy
Kjellaug
Kjersti
Kjerstin
Klaire
Klara
Klarisa
Klarissa
Klarys
Klaudia
Klaudie
Klaudija
Klavdija
Klavdiya
Klea
Kleo
Kloe
Kloey
Klymene
Knarik
Knightley
Knox
Kobe
Kodi
Kodie
Koharu

Koi
Kojii
Kolbie
Kolby
Koleta
Kolette
Kolynn
Komal
Konnie
Konstantina
Konstantine
Kooper
Kora
Koral
Koralia
Korbyn
Kordae
Kore
Koree
Koren
Korena
Korene
Kori
Koribella
Korie
Korina
Korinna
Korinne
Kornelia
Korra
Korrelia
Korrie
Korrina
Kortnee
Kortney
Kortni
Korva

Kosi
Kostandea
Koti
Kourtlynn
Kourtney
Kourtnie
Kovie
Kree
Kreine
Kreszentia
Krichia
Krina
Kris
Krisentha
Krisha
Krishna
Krissi
Krissy
Krista
Kristal
Kristan
Kristeen
Kristel
Kristelle
Kristen
Kristi
Kristia
Kristian
Kristiana
Kristiania
Kristie
Kristiina
Kristin
Kristina
Kristine
Kristle
Kristol

Kristy
Kristyn
Kristyna
Krisztina
Kriti
Krizia
Krosbie
Krysia
Kryska
Krysta
Krystal
Krystallo
Krysten
Krystin
Krystina
Krystine
Krystle
Krystyna
Ksenia
Ksenija
Kseniya
Ksenya
Kuljit
Kulwant
Kulwinder
Kumi
Kura
Kwanza
Kwyn
Ky-Asia
Kya
Kyah
Kyanne
Kyara
Kyelei
Kyelle
Kyilea

Kyla
Kylah
Kylar
Kyle
Kylea
Kylee
Kyleena
Kyleigh
Kylene
Kyler
Kyley
Kyli
Kylia
Kylie
Kylin
Kyline
Kylise
Kylyne
Kylynn
Kymbre
Kymmy
Kyna
Kynlee
Kynley
Kynnley
Kynthia
Kynzlee
Kyoko
Kyra

Laasya
Labonita

Lacey
Lachlyn
Laci
Lacia
Lacie
Lacinda
Lacine
Lacona
Laconia
Lacy
Ladeca
Ladina
Ladonna
Ladora
Lady
Laekyn
Lael
Laela
Laelia
Laeticia
Laetitia
Lagertha
Lai
Laia
Laigh
Laika
Laiken
Laiklyn
Laikyn
Laila
Lailah
Lailani
Lailee
Laina
Laine
Laineigh
Lainey

Lainie
Laisha
Lake
Lakeisha
Lakelyn
Lakelynn
Laken
Lakenn
LaKenya
Lakesha
Lakeshia
Lakey
Lakin
Lakisha
Lakken
Lakota
Lakshmi
Lakyn
Lala
Lalacia
Lalaine
Lale
Lalia
Lalita
Lama
Lamai
Lameeha
Lamese
LaMia
Lamis
Lana
Lanah
Lanaya
Landel
Landly
Landree
Landrey

Landrie
Landry
Landy
Lane
Lanette
Laney
Langley
Langston
Lani
Lanie
Lanier
Lanis
Lanisa
Laniyah
Lanna
Lannaya
Lannie
Lanre
Lantana
Laoise
Lapis
Laquisha
Laquita
Lara
Larah
Laraine
Laralie
Laramie
LaRay
Laree
Lareina
Larelie
Laren
Lariah
Larina
Larique
Laris

Larisa
Larissa
Lark
Larkin
Larkspur
LaRonda
Larose
Larsen
Larue
Larysa
Laryssa
LaSalle
Lashae
Lashanda
Lashawn
LaShaye
Lashonda
Lassen
Lassie
Latanya
Latasha
Lateshia
Latetia
Lathria
Laticia
Latifa
Latika
Latikah
Latisha
Latitia
Latonia
Latonya
Latosha
LaToya
Latrice
Latricia
Lauden

Laudina
Laura
Laurah
Lauraine
Lauralee
Lauralin
Lauralynn
Lauran
Laurana
Lauranne
Laurayne
Laure
Laureen
Laurel
Laurelai
Laureline
Lauren
Laurena
Laurence
Laurenda
Laurene
Laurentia
Laurentien
Laurentine
Lauretta
Laurette
Lauri
Lauriana
Lauriane
Laurianna
Laurianne
Laurie
Lauriel
Laurina
Laurine
Lauryn
Lavada

LaVaughan
Lavender
Lavenia
Lavera
Lavergne
Lavern
Laverna
Laverne
Laveta
Lavian
Lavina
Lavinah
Lavinia
Lavon
Lavonda
Lavonne
Lawanda
Laxmi
Layali
Layce
Layla
Laylah
Layle
Laylee
Laylon
Layloni
Laylynn
Layna
Layne
Laynie
Layton
Lazeena
Lazuli
Le'nique
Lea
Leafaudo
Leah

Leahanna	Legna	Lena
Leahla	Lehanna	Lenai
Leahona	Leia	Lenaila
Leala	Leialoha	Lencha
Lealand	Leida	Lene
Leana	Leigh	Lenée
Leandra	Leigh Ann	Leni
Leane	Leigh-Anne	Lenina
Leann	Leigha	Lenka
Leanna	Leighann	Lenke
Leanne	Leighanna	Lenna
Leanor	Leighdyn	Lennan
Leanora	Leighla	Lennie
Lear	Leighsaide	Lennika
Leatha	Leighton	Lennis
Leatrice	Leila	Lennon
Leda	Leilah	Lennox
Ledisi	Leilana	Lenora
Ledora	Leilani	Lenore
Ledoux	Leilia	Lenox
Lee	Leilyn	Lenuța
Lee Ann	Leina	Leo
Leeann	Leisa	Leoba
Leeanne	Leisel	Leocadia
Leeba	Leisha	Leokadia
Leela	Leisl	Leola
Leelah	Leitis	Leoma
Leelo	Lejla	Leomi
LeeLou	Lela	Leon
Leen	Lelah	Leona
Leena	Leletia	Leonarda
Leeonna	Lelia	Leone
Leesa	Leliana	Leonela
Leeya	Lelly	Leonia
Leeza	Lemma	Léonie
LeFae	Lemon	Leonila
Legacy	Lempi	Leonor

Leonora	Levana	Liana
Leonore	Leven	Liane
Leontina	Levenez	Lianna
Leontine	Levi	Lianne
Leor	Levina	Liara
Leora	Levius	Liat
Leoris	Levonica	Liath
Leota	Levy	Liba
Leotie	Lex	Libba
Lera	Lexa	Libbe
LeRae	Lexee	Libbie
Lerin	Lexi	Libby
Lerina	Lexie	Libelle
Lerusha	Lexine	Liberata
Lesa	Lexington	Liberta
Lesage	Lexus	Libertad
Lesedi	Lexy	Liberty
Lesia	Lexzandra	Libitina
Leslee	Leyah	Libiya
Lesley	Leyanna	Liboria
Lesli	Leydi	Licha
Lesliana	Leyila	Licia
Leslie	Leyla	Lida
Lesly	Leylani	Liddie
Leslye	Leymah	Liddy
Lessa	Leyna	Lidewei
Lessia	Leyton	Lidewij
Lessie	Lezah	Lidia
Leta	Lezlie	Lidian
Letha	Lhotse	Lidiann
Leticia	Li	Lidija
Letitia	Li Li	Lidiya
Letizia	Lia	Lidmila
Leto	Liadain	Liduvina
Lettice	Liadan	Lidwina
Lettie	Liadawn	Lidya
Letty	Lian	Lieke

Lielle	Lilike	Lilyanna
Lien	Liliosa	Lilyanne
Lienna	Lilit	Lilybelle
Lierin	Lilita	Limor
Liesbeth	Lilith	Lin
Liesel	Lilium	Lina
Lieselotte	Liliwen	Lincy
Liesl	Liliya	Lind
Lieve	Lilja	Linda
Lif	Liljana	Linden
Ligaya	Lill	Lindie
Ligeia	Lilla	Lindley
Ligia	Lillah	Lindsay
Lihi	Lillemor	Lindsey
Liisa	Lilli	Lindsie
Lil	Lillia	Lindsy
Lila	Lilliah	Lindy
Lilac	Lillian	Line
Lilah	Lilliana	Lineke
Lilaina	Lilliandil	Linet
Líle	Lilliann	Linette
Lileas	Lillianna	Linh
Lileigh	Lillianne	Linit
Lili	Lillibet	Linleigh
Lilia	Lillie	Linley
Lilian	Lilliella	Linn
Liliana	Lillienna	Linnae
Liliane	Lillienne	Linnaea
Lilianna	Lillith	Linnea
Lilianne	Lilly	Linnet
Lilias	Lilly-may	Linnete
Lilibet	Lillyana	Linnie
Lilibeth	Lilo	Linny
Lilidh	Lilou	Linnzi
Lilien	Lily	Linor
Lilienne	Lilyan	Linoy
Lilika	Lilyana	Linsay

Linsey	Lissa	Lizzy
Linza	Lissandra	Ljuba
Linzee	Lisse	Ljubica
Linzey	Lissette	Ljudmila
Linzi	Lissianna	Lleucu
Lio	Lissie	Llewella
Lioba	Lissy	Lluvia
Lionella	Lita	Lobelia
Lionese	Litzy	Lockie
Lior	Liv	Locklyn
Liora	Liva	Loen
Liori	Livana	Logan
Liorit	Live	Loida
Lirael	Livia	Loïe
Lirah	Livian	Loire
Liraz	Liviana	Lois
Liriel	Livianna	Lola
Lirit	Livienne	Loleta
Lisa	Livier	Lolita
Lisa Ann	Livija	Lollia
Lisa-Marie	Liviya	Lollie
Lisabeth	Livna	Lolly
LisaJo	Livvy	Loma
Lisalla	Livy	Lona
Lisandra	Liya	Londa
Lisanne	Liyah	Londen
Lisbet	Liz	London
Lisbeth	Liza	Londyn
Lise	Lizabeth	Lone
Liselle	Lizanne	Lonette
Liselotte	Lizbeth	Loni
Liseth	Lizelle	Lonie
Lisette	Lizeth	Lonika
Lisha	Lizette	Lonna
Lisieli	Lizzet	Lonnie
Lisle	Lizzette	Loorea
Lismely	Lizzie	Lora

84

Lorah	Lorisha	Loveday
Loraine	Lorissa	Loveena
Loral	Lorna	Lovely
Loralai	Lorraine	Lovelyn
Loralei	Lorrein	Lovepreet
Loralie	Lorri	Lovetta
Loralye	Lorrie	Lovette
Loranda	Losana	Lovey
Lorca	Lotta	Lovice
Lore	Lotte	Lovie
Lorea	Lotti	Loviisa
Loredana	Lottie	Lovina
Loreen	Lotus	Lovisa
Loreena	Lou	Lowanna
Lorelai	Louann	Lowena
Lorelei	Louanne	Lowenna
Loreley	Loucia	Lowery
Lorelii	Louela	Lowri
Lorella	Louella	Loxie
Lorelotte	Louelle	Loxley
Loren	Louetta	Loyce
Lorena	Louie	Loys
Lorenda	Louisa	Lu
Lorene	Louise	Lua
Lorenza	Louisiana	Luan
Loreto	Louisine	Luana
Loretta	Loukia	Luann
Lorette	Loukritia	Luanna
Lori	Loulabelle	Luanne
Lorial	Loulah	Luba
Lorian	Louna	Lubalethu
Loriana	Loura	Lubna
Loriann	Lourdes	Lubomira
Lorianne	Louressa	Luca
Lorie	Louvenia	Lucasta
Lórien	Lova	Luce
Lorine	Love	Lucea

Lucee	Luellen	Luree
Lucelly	Luellyn	Luria
Lucero	Luetta	Lurlene
Lucetta	Lugenia	Lurline
Lucette	Luigia	Lusia
Lucey	Luigina	Lusine
Lucia	Luisa	Lutessa
Luciah	Luisana	Lúthien
Luciana	Luise	Lutie
Lucianne	Luisina	Luvenia
Lucie	Luisne	Luvia
Lucienne	Luiza	Luvianna
Lucija	Luizianna	Luvinia
Lucila	Lujing	Lux
Lucile	Luka	Luxe
Lucilia	Lula	Luxi
Lucilla	Lulamae	Luz
Lucille	Lulana	Luza
Lucina	Lular	Luzetta
Lucinda	Lulette	Luzi
Lucine	Lulie	Luziana
Lucja	Lulu	Luzviminda
Lucky	Lumay	Lyanna
Lucrece	Lumen	Lyda
Lucrecia	Lumex	Lydia
Lucretia	Lumi	Lydian
Lucrezia	Luna	Lydie
Lucy	Lunah	Lygia
Ludema	Lunanina	Lykke
Ludie	Lundy	Lyla
Ludivine	Lune	Lylah
Ludmila	Lunette	Lylia
Ludmilla	Lupe	Lyliann
Ludovica	Lupica	Lylliann
Lue	Lupine	Lyn
Luela	Lupita	Lynae
Luella	Lura	Lynda

Lyndee
Lynden
Lyndi
Lyndsay
Lyndsey
Lyndsie
Lynee
Lynelle
Lyness
Lynette
Lynlea
Lynlee
Lynley
Lynn
Lynnae
Lynne
Lynnea
LynneAnne
Lynnelle
Lynnette
Lynnezi
Lynnie
Lynnix
Lynnzi
Lynnzie
Lynsey
Lynsi
Lynsy
Lynx
Lynzee
Lyonelle
Lyra
Lyri
Lyria
Lyric
Lyrik
Lyris

Lysandra
Lysanne
Lysithea
Lyska
Lyssa
Lyssie
Lystra
Lyta

M

Maaria
Maaike
Maartje
Maaskelah
Maayan
Mabel
Mabelle
Mabilia
Mable
Mabley
Mabrey
Mabrie
Mabry
Mabyn
Macala
Macara
Macarena
Macaria
Macayla
Macee
Macey
Machelle
Machion

Maci
Macie
Mackan
Macyn
Mada
Madailein
Madalena
Madalie
Madalina
Madaline
Madalitso
Madalyn
Madalyne
Madalynn
Maddalena
Maddalina
Madden
Maddie
Maddison
Maddox
Maddy
Maddyn
Maddysun
Madeira
Madelaina
Madelaine
Madelca
Madelein
Madeleine
Madelen
Madelena
Madeleva
Madelief
Madeline
Madelon
Madelyn
Madelynn

Madelynne	Maeghan	Maggie
Madge	Maeleigh	Magna
Madhavi	Maeliana	Magnhild
Madhuri	Maelie	Magnolia
Madi	Maelle	Mago
Madicella	Maëlly	Maha
Madicken	Maelona	Mahala
Madie	Maelyn	Mahalath
Madigan	Maelynn	Mahaley
Madiha	Maëlys	Mahalia
Madilyn	Maeoni	Maham
Madilynn	Maerin	Mahdis
Madisen	Maeryn	Mahgan
Madison	Maesen	Mahi
Madisyn	Maesie	Mahleah
Madja	Maeva	Mahogany
Madlen	Maeve	Mahra
Madleyne	Maeven	Mahri
Madonna	Maevyn	Mahsa
Madrid	Maewyn	Mahtab
Madrigal	Maezie	Mai
Mady	Mafalda	Maia
Madylan	Magali	Maiah
Madylin	Magalie	Maiara
Madyn	Magaly	Maicean
Madysen	Maganda	Maida
Madyson	Magda	Maiden
Mae	Magdalen	Maïder
Maebel	Magdalena	Maigen
Maebh	Magdalene	Maija
Maebress	Magdalini	Maika
Maebry	Magdalone	Maike
Maeby	Magdalyn	Maiken
Maecy	Magdeline	Maila
Maedhbh	Magdilyn	Maile
Maegan	Magdolna	Mailee
Maegen	Magenta	Maille

Mailyn	Makaira	Malene
Mair	Makala	Malerie
Maira	Makali	Målfrid
Maire	Makaya	Malgorzata
Mairead	Makayla	Malia
Mairi	Makaylah	Maliah
Máirín	Makaylee	Maliana
Mairwen	Makeady	Malie
Maisey	Makeda	Maliha
Maisha	Makena	Malika
Maisica	Makenlee	Malin
Maisie	Makenna	Malina
Maison	Makenzi	Malinda
Maissa	Makenzie	Malion
Maisy	Makhyden	Malisa
Maisyn	Makia	Malise
Maite	Makinley	Malissa
Maitreya	MaKinzi	Maliyah
Maivelyn	Makiya	Malka
Maiwen	Makynzie	Mallaidh
Maiwenn	Malaak	Mallie
Maiya	Malaika	Mallika
Maizey	Malainie	Mallori
Maizie	Malak	Mallorie
Maizy	Malala	Mallory
Maja	Malamatenia	Malon
Majandra	Malana	Maloree
Majda	Malani	Malorie
Majella	Malarie	Malory
Majerle	Malaya	Malou
Majken	Malayka	Malva
Majlinda	Malayna	Malvern
Majlis	Malaysia	Malvina
Makada	Malea	Malwina
Makaela	Maleah	Malysa
Makaila	Maleigha	Mamaine
Makailyn	Malena	Mame

Mameha	Marabeth	Mareisa
Mamie	Marable	Marel
Mammie	Maraed	Marelaine
Manacca	Marah	Marely
Manami	Marais	Maren
Manar	Marajade	Maret
Manda	Maraleigh	Mareta
Mandala	Maralyn	Mareva
Mandalay	Marama	Marga
Mandalit	Maran	Margaery
Mandana	Maranda	Margaid
Mandi	Maranzie	Margalit
Mandie	Marbella	Margalo
Mandy	Marca	Margaret
Manervia	Marcail	Margareta
Manhattan	Marcela	Margarete
Manini	Marcelina	Margareth
Manisha	Marceline	Margaretha
Manita	Marcella	Margarethe
Manja	Marcelle	Margarett
Manjit	Marcelline	Margaretta
Manju	Marchel	Margarette
Manjula	Marcheline	Margarida
Manney	Marchelle	Margarita
Manon	Marchesa	Margaux
Manoritha	Marci	Marge
Manpreet	Marcia	Margeaux
Mansi	Marcie	Marged
Manuela	Marciella	Margene
Manuella	Marcy	Margery
Manya	Mardelle	Margherita
Maple	Mardi	Margi
Mar	Mardie	Margie
Mara	Maree	Margit
Marabel	Mareesa	Margo
Marabella	Mareesha	Margot
Marabelle	Mareille	Margret

Margreta
Margy
Marharyta
Mari
Maria
Maria Jose
Mariah
Mariajose
Marialena
Mariam
Mariama
Mariamne
Marian
Mariana
Marianel
Marianela
Mariangela
Mariann
Marianna
Marianne
Marianthi
Mariasha
Maribel
Maribella
Maribelle
Maribeth
Marica
Maricarmen
Maricela
Maricia
Mariclare
Maricris
Maricza
Marie
Marie-Ange
Marie-Claire

Marie-
Emmanuelle
Marie-Ève
Marie-France
Marie-Josée
Marieke
Mariel
Mariela
Mariele
Marielena
Mariella
Marielle
Mariely
Mariena
Marienna
Marieta
Marietta
Mariette
Marifel
Marifrances
Marigny
Marigold
Marigoldita
Marigot
Marija
Marijana
Marijka
Marijke
Marika
Mariko
Marilee
Marilena
Marilene
Marilla
Marilou
Marilu
Marilyn

Marilynn
Marilynne
Marin
Marina
Marinana
Marinda
Marine
Marinea
Marinela
Marinella
Marinelle
Marinika
Marinn
Marion
Marionna
Mariot
Mariposa
Maris
Marisa
Marisah
Marisela
Marisen
Marisha
Marishka
Mariska
Marisol
Marissa
Maristella
Marit
Marita
Marites
Maritess
Marith
Maritza
Mariya
Mariyah
Mariza

Marja	Marlow	Marty
Marjane	Marlowe	Martyna
Marjanna	Marly	Marusia
Marjolaine	Marlyn	Maruxa
Marjolein	Marlys	Marva
Marjorie	Marmar	Marvel
Marjory	Marna	Marvelous
Markella	Marnetta	Marvina
Marketa	Marnette	Marwa
Marketta	Marney	Mary
Markie	Marni	Mary Ann
Markisha	Marnica	Maryam
Markita	Marnie	Maryann
Marla	Marny	Maryanna
Marlaina	Marolyn	Maryanne
Marlaine	Marquita	Marybelle
Marlana	Marre	Marybeth
Marlayna	Marretje	Maryella
Marlee	Marryn	Maryelle
Marleen	Marsaili	Maryellen
Marleigh	Marsali	Marygrace
Marlen	Marseille	Maryjane
Marlena	Marsha	Maryjo
Marlene	Marsia	Marykay
Marlenie	Marta	Marylal
Marlett	Marte	Marylee
Marley	Martel	Marylin
Marleyna	Martha	Marylou
Marli	Marthann	Marylyn
Marlia	Marthe	Maryn
Marliana	Marthy	Maryrose
Marlie	Marti	Marysa
Marline	Martina	Maryse
Marlis	Martine	Maryssa
Marlise	Martinique	MarySue
Marlo	Martita	Maryte
Marloes	Martta	Marzena

Marzia
Masada
Masae
Masako
Masani
Maselyn
Masha
Masie
Masika
Maslyn
Mason
Massie
Massiel
Masumi
Masyn
Mataline
Mataya
Matea
Matel
Matema
Mathea
Mathilda
Mathilde
Matia
Matiana
Matiese
Matilda
Matilde
Matilija
Matilyn
Matina
Matisse
Matleena
Matlin
Matsey
Mattea
Matthea

Mattie
Maty
Matylda
Matyleen
Maud
Maude
Maudeen
Maudie
Mauilena
Maura
Maureen
Maurica
Mauricia
Maurine
Mauve
Mava
Maven
Mavis
Mavra
Max
Maxene
Maxie
Maxima
Maximina
Maximum
Maxine
May
Maya
Mayada
Mayah
Mayan
Mayar
Mayara
Maybell
Maybelle
Maybelline
Maycee

Maye
Mayela
Mayella
Mayim
Mayla
Maylea
Maylee
Mayleigh
Maylene
Mayley
Maylin
Maylis
Mayme
Maymie
Mayra
Maysan
Maysen
Mayson
Mayte
Mayuri
Mayzee
Mayzelle
Mayzie
Mazal
Mazarine
Mazel
Maziah
Mazie
Mazzy
Mckella
Mckenna
Mclean
Mea
Meabh
Meadhbh
Meadow
Meagan

Meagen	Meghyn	Melantho
Meaghan	Megumi	Melany
Meara	Megyn	Melanya
Méav	Mehetabel	Melba
Mecca	Mehitabel	Melda
Meche	Mehitable	Mele
Mechelle	Mehnoush	Meleah
Meda	Mehri	Melek
Medb	Mei	Melena
Medbh	Mei Ling	Melenna
Medea	Meidhbhin	Melia
Medeleine	Meifeng	Meliah
Medha	Meighan	Melian
Medhani	Meika	Meliauna
Medhya	Meike	Melika
Media	Meilani	Melike
Medina	Meilin	Melina
Medora	Meinir	Melinda
Medusa	Meinwen	Meline
Meegan	Meira	Meliora
Meegyn	Meirit	Melisa
Meena	Meissa	Melisande
Meera	Meja	Melisandre
Meesa	Mekanna	Melisha
Meeta	Mekeda	Melissa
Meg	Mel	Melissza
Megaera	Mela	Melita
Megan	Meladi	Melitta
Megane	Melaina	Meliz
Megara	Melaine	Mellear
Megève	Melana	Mellesse
Meggan	Melane	Mellie
Meggie	Melanee	Mellisa
Meggin	Melania	Mellissa
Meghan	Melanie	Mellyn
Meghann	Melanija	Melodean
Meghna	Melantha	Melodee

Melodie	Merey	Merveille
Melody	Meri	Meryl
Melonie	Meriam	Mesa
Melony	Meribeth	Mesche'
Melora	Merida	Meschelle
Melpomene	Meridel	Mesila
Melrose	Meridian	Mestra
Melusine	Meridith	Meta
Melva	Meriel	Metha
Melvina	Merilyn	Metrodora
Melvyne	Merindah	Metta
Melyna	Meris	Mette
Melynda	Merissa	Metzli
Melyndra	Merit	Meya
Melyor	Meritt	Meyrick
Melyssa	Merle	Mhairi
Mem	Merlene	Mhya
Memory	Merna	Mia
Memphis	Merope	Miabella
Mena	Meropi	Miah
Menaka	Merralina	Miata
Menali	Merran	Mica
Mendian	Merriann	Micaela
Mendy	Merrick	Micah
Menka	Merridan	Micarla
Menodora	Merrie	Micayla
Menolly	Merrigan	Micha
Meranda	Merrilee	Michael
Merav	Merrilyn	Michaela
Merced	Merritt	Michaele
Mercedes	Merry	Michaeline
Mercier	Merryn	Michaella
Mercy	Mersades	Michaelle
Meredith	Mersey	Michaila
Merel	Mersia	Michal
Merete	Mertie	Michala
Merethe	Merula	Michalina

Michaya	Mika	Mililani
Michayla	Mikaela	Milissa
Michela	Mikaelah	Milja
Michele	Mikah	Milla
Michelette	Mikaila	Millaray
Michelina	Mikako	Millay
Micheline	Mikala	Mille
Michell	Mikalyn	Miller
Michella	Mikan	Milliana
Michelle	Mikasa	Millianna
Michellette	Mikaya	Millican
Michiko	Mikayla	Millicent
Michon	Mikaylee	Millie
Michonne	Mikelle	Milligan
Miciah	Mikenna	Milly
Miciela	Mikenzi	Milou
Mickayla	Mikenzie	Mimi
Mickey	Mikhaila	Mimma
Micki	Mikki	Mimmi
Mickie	Miku	Mimsy
Midajah	Mila	Min
Midge	Milabelle	Mina
Midori	Milada	Minami
Mie	Milagros	Minda
Mieke	Milan	Mindella
Mieko	Milana	Mindelynn
Miel	Milani	Mindi
Mielle	Milania	Mindl
Miesha	Milaslava	Mindry
Mietta	Milcah	Mindy
Miette	Mildred	Minea
Migdalia	Mildrid	Minelda
Miglė	Milena	Minerva
Mignon	Miley	Minette
Mihaela	Mili	Ming
Mihr	Miliani	Ming Yue
Miigan	Milica	Minka

Minke
Minley
Minna
Minnie
Minta
Mintie
Minto
Minttu
Minty
Minuette
Minver
Miosoti
Miquela
Miquella
Miquita
Mira
Mirabai
Mirabel
Mirabella
Mirabelle
Miracle
Mirah
Mirai
Mirain
Mirana
Miranda
Mirasol
Miray
Mireia
Mireille
Mirel
Mirela
Mirele
Mirella
Mirena
Mireya
Miri

Miria
Miriam
Mirielle
Miriyana
Mirja
Mirjam
Mirlande
Mirna
Miroslava
Mirra
Mirren
Mirta
Mirth
Miryam
Misaki
Mischa
Misgana
Misha
Mishavonna
Mishelle
Mishon
Missie
Missouri
Missy
Misti
Misty
Mithian
Mittie
Mitzi
Mitzy
Miu
Miuccia
Miwa
Mixtlicoatl
Miya
Miyah
Miyu

Mizosuaniaka
Mizuki
Mlinda
Mlynn
Mo'Nesha
Moa
Moana
Modesta
Modesty
Moellyn
Moira
Moirrey
Molleigh
Molli
Mollie
Molly
Mollyann
Mona
Monaisha
Monalisa
Monet
Monica
Monifa
Monika
Monike
Monique
Monisa
Monna
Monnie
Monroe
Monserrat
Monserrate
Montana
Monterey
Montserrat
Monya
Moon

Moorea
Mopsie
Mora
Morag
Morana
Moray
Morena
Moressa
Morey
Morgaine
Morgan
Morgana
Morgane
Morgann
Morgause
Morgayne
Moria
Moriah
Moriko
Morinne
Morissa
Morna
Morning
Morrigan
Morrow
Morticia
Morven
Morwenna
Moscelyne
Moselle
Mosley
Mossie
Mostyn
Motley
Moumita
Mouna
Moxie

Moya
Mozell
Mozella
Mozelle
Mtima
Mudra
Muireann
Muirenn
Muirgheal
Muirne
Mulan
Muncie
Murasaki
Muriel
Muriella
Murphy
Murron
Muse
Musetta
Musidora
Mutiara
My
Mya
Myah
Myana
Myani
Myanthee
Myava
Mychelle
Myfanwy
Myhaley
Myka
Mykia
Myla
Mylah
Mylee
Myleene

Mylene
Mylie
Mystery

N

Naava
Nabila
Nabisa
Nacole
Nada
Nadalie
Nadalyn
Nadalyne
Nadasia
Nadeen
Nadejda
Nadeleine
Nadelle
Nadia
Nadie
Nadina
Nadine
Nadira
Nadiya
Nadja
Nadrine
Nadya
Nadylie
Naevia
Nahia
Nahima
Nahla
Nahlin

Nai'a	Nancey	Narine
Naia	Nanci	Narjis
Naiara	Nancie	Narscissa
Naida	Nancy	Naserian
Naila	Nandita	Nash
Nailah	Nane	Nashya
Naima	Nanea	Nasim
Nainsí	Nanette	Nasra
Naiomi	Nani	Nasreen
Naiya	Nanina	Nasrine
Najya	Nanna	Nassaria
Nakayla	Nannerl	Nastassia
Nakia	Nanneth	Nastassja
Nakira	Nannette	Nastasya
Nakisha	Nannie	Nastia
Nakita	Nanrinder	Nastya
Nakusha	Nantia	Natacha
Nakushi	Nao	Natajia
Nakya	Naoimh	Natalaya
Nala	Naoise	Natalee
Nalah	Naoko	Nataleigh
Nalani	Naoma	Natali
Nalanie	Naome	Natalia
Naléa	Naomi	Natalie
Naledi	Naomie	Nataliee
Naleigh	Naomy	Natalija
Nalini	Naoual	Natalina
Nalla	Naousca	Nataliya
Nalleli	Naphtali	Natalka
Nallely	Nara	Nataly
Namia	Narcisa	Natalya
Namie	Narcissa	Natalyah
Naminé	Nareh	Natalyn
Nan	Narelle	Natania
Nana	Nariah	Natasa
Nanako	Narina	Natascha
Nancee	Narinder	Natasha

Natasza	Necia	Nelida
Nataszja	Necile	Nelinha
Natavia	Necla	Nell
Nateira	Neda	Nella
Nathalee	Nedeljka	Nelle
Nathalia	Nedra	Nelli
Nathalie	Neea	Nellia
Nathaly	Neeka	Nellie
Nathanna	Neeki	Nelly
Natia	Neela	Nelta
Natividad	Neelam	Nelwyn
Natosha	Neelie	Nemaiah
Natoya	Neema	Nemain
Naushaba	Neena	Nemi
Nausicaa	Neenagh	Nena
Nautica	Neeru	Neoma
Nava	Neesha	Neona
Navdeep	Neeta	Nephele
Naveena	Nefertari	Nera
Navi	Neferteri	Neraida
Navy	Nefertiri	Nerea
Nawal	Neferure	Nereida
Naya	Negar	Neri
Nayana	Negin	Nerida
Nayara	Negina	Nerilly
Nayce	Neha	Nerine
Nayeli	Neida	Nerissa
Nayelli	Neila	Neroli
Nayely	Neina	Nerys
Nayla	Nekeia	Neshama
Nazanin	Nekia	Nesita
Nazareth	Nekisha	Neslihan
Nazayia	Neko	Nessa
Nazeli	Nelda	Nessarose
Nazlee	Nele	Nessie
Nea	Nelia	Nesta
Neala	Neliah	Neta

Netanya	Nicki	Nikkole
Netta	Nickie	Nikohl
Nettie	Nickole	Nikol
Nettle	Nico	Nikola
Neva	Nicola	Nikole
Nevada	Nicolasa	Nikoleta
Nevaeh	Nicole	Nikolett
Nevaeh Leigh	Nicolene	Nikolina
Nevanthi	Nicoleta	Nikoline
Nevart	Nicoletta	Nila
Neve	Nicolette	Nilah
Neveah	Nicolien	Nilani
Nevena	Nicolina	Nilda
Neveyah	Nicoline	Nile
Neviana	Nicolle	Nilofer
Newlyn	Nida	Nilsa
Neysa	Nidia	Nimrat
Neysha	Niema	Nimue
Ngahuia	Niesha	Nina
Ngaio	Niesje	Ninel
Ngaire	Nieva	Ninella
Ngairella	Nieve	Ninette
Ngozi	Nieves	Nineveh
Nia	Nigella	Ninfa
Niabi	Nightingale	Ninkasi
Nialla	Nihad	Nino
Niamara	Niharika	Ninon
Niamh	Nika	Niobe
Niamha	Nikaia	Niomi
Niana	Nike	Nionne
Niara	Nikeisha	Niquole
Niawbrawaka	Nikhazia	Nira
Niaz	Niki	NiRae
Nicasia	Nikia	Niraimadhi
Nichelle	Nikira	Nirali
Nichol	Nikita	Nirmala
Nichole	Nikki	Nirvana

Nisha
Nissa
Nita
Nitasha
Nitza
Nívea
Nixie
Niya
Niyla
Nneka
Noa
Noah
Noam
Nobuko
Noe
Noel
Noela
Noelani
Noeleta
Noelia
Noella
Noelle
Noely
Noemi
Noemia
Noémie
Nogah
Nohely
Nohemi
Noire
Nokomis
Nola
Nolia
Nollie
Nolwenn
Noma
Nombongo

Nomsa
Nomy
Nona
Nonie
Noomi
Noor
Noora
Nophar
Nora
Norah
Noralee
Noralyn
Norberta
Noreen
Noreena
Norella
Norellie
Norene
Norianna
Noriko
Norine
Norla
Norma
Normandy
North
Northa
Norunn
Noushin
Nova
Novah
Novalee
Novalie
Novara
Novasera
Novella
November
Novhina

Novi
Novia
Noya
Ntozake
Nuala
Nubia
Nuha
Nujood
Nunzia
Nunziatina
Nur
Nura
Nurani
Nuria
Nurit
Nver
Nya
Nyah
Nyaja
Nyala
Nyasia
Nydehlia
Nydia
Nyia
Nykia
Nyla
Nyomi

Oakes
Oaklee
Oaklynn
Oana

Obdulia
Ocean
Oceana
Ocie
Octavia
Octaviana
October
Oda
Odaliz
Odalys
Odalyz
Oddlaug
Oddny
Oddrun
Oddveig
Odelene
Odelia
Odell
Odessa
Odetta
Odette
Odie
Odile
Odilia
Odina
Odyssey
Ofeibea
Ofelia
Ofilia
Oghenerioboru
e
Ohana
Ohanna
Ohiyo
Oiva
Okaria
Okemia

Okera
Oki
Okimi
Oksana
Ola
Olaia
Olalla
Olamide
Olan
Olaug
Oldriska
Olena
Olene
Olesea
Oleta
Olethea
Olette
Olevia
Olga
Olia
Olidia
Olie
Olimpia
Olinda
Oline
Olinka
Oliva
Olive
Oliver.
Olivera
Olivette
Olivia
Oliviah
Oliviana
Olivié
Olivienne
Olivina

Olivine
Oliwia
Ollie
Olma
Olta
Oluyomi
Olwen
Olwyn
Olya
Olympia
Olympias
Olyssia
Olyvia
Oma
Omayra
Ombretta
Omie
Omolara
Ona
Onari
Onatah
Ondina
Ondine
Ondrea
Ondria
Onekka
Oneta
Ongela
Onie
Onika
Onnie
Onnika
Onora
Onycha
Onyx
Oona
Opal

Opaline
Ophelia
Ophélie
Ophellia
Ophia
Ophira
Oprah
Ora
Orabela
Orabella
Orah
Oraina
Oralia
Orazia
Orazio
Orchid
Orein
Oriana
Oriane
Orianna
Orianne
Orianthi
Orietta
Oriole
Orion
Orit
Orla
Orlagh
Orlain
Orlaith
Orlanda
Orlean
Orli
Orly
Ornella
Orpah
Orpha

Orquidea
Orsalina
Orsola
Orsolya
Ortensia
Orvalee
Osa
Osha
Osiana
Oska
Ossie
Ostara
Oswin
Otelia
Otha
Otilia
Ottaline
Ottavia
Ottie
Ottilia
Ottilie
Ottoline
Oudia
Ouida
Ourania
Oursoula
Ova
Ovelle
Owaissa
Owen
Owena
Owens
Oxana
Ozma

P

Pabla
Padma
Padmé
Padmini
Paetyn
Page
Paget
Pahi
Paige
Paigely
Paislee
Paisley
Paiton
Paityn
Paivi
Paizlie
Palapala
Pallas
Pallavi
Palma
Palmer
Palmira
Paloma
Pam
Pamala
Pamela
Pamella
Pamelyn
Pamina
Pamla
Pamposh
Panagiota

Panalin	Pasqualina	Payzlee
Panchita	Pasquina	Paz
Pandora	Passion	Pazienza
Pangfua	Pat	Peace
Panjai	Patience	Peach
Panna	Patina	Peaches
Pansie	Patrice	Pearl
Pansy	Patricia	Pearle
Paola	Patrina	Pearlie
Paquita	Patrisha	Pearline
Paradis	Patrizia	Pearson
Paralee	Patrycja	Pebbles
Paramjit	Patsey	Peeri
Paraskevi	Patsuqua	Peg
Parastoo	Patsy	Pegeen
Pari	Patta	Peggie
Parijaat	Patti	Peggy
Paris	Pattie	Peighton
Parisa	Patty	Pelagia
Parker	Paula	Pele
Parminder	Pauletta	Pelia
Parmjit	Paulette	Pella
Parnel	Paulien	Pema
Parthena	Paulina	Pemba
Parthenia	Pauline	Pemma
Parthenope	Paulita	Penda
Parul	Pavanne	Peneil
Parvana	Pavla	Penelope
Parvati	Pavlina	Penina
Parvin	Pawandeep	Peninah
Parys	Pawanjeet	Peninnah
Pascale	Paxley	Penka
Pascaline	Paxton	Penna
Paschal	Payne	Penni
Pascuala	Payson	Pennie
Pasha	Payten	Pennilyn
Paskalina	Payton	Pennington

Penny	Petronella	Phyllida
Penrose	Petronia	Phyllis
Peony	Petronila	Pia
Pepa	Petronilla	Pialy
Pepita	Petrova	Piatarihi
Pepper	Petula	Picabo
Peppi	Petunia	Piedad
Perdita	Peyson	Pier
Perenelle	Peytin	Piera
Peri	Peyton	Pierina
Peridot	Peytyn	Pieta
Perla	Phaedra	Pietja
Perle	Phaelyn	Pietronella
Permelia	Phaidra	Pihla
Pernilla	Pheasant	Pilar
Pernille	Phebe	Pina
Perouze	Phenyo	Pinar
Perpetua	Phereby	Pinelloppe
Perri	Pheriche	Pinelopi
Perrie	Pheya	Pinja
Perrine	Philadelphia	Pink
Perry	Philippa	Pinkie
Persayis	Philippina	Pinky
Persefoni	Phillipa	Pinotta
Persephone	Phillis	Pip
Persia	Philoma	Piper
Persimmon	Philomena	Pippa
Persis	Philomene	Pippi
Pervinca	Philyra	Pire
Peryn	Phoebe	Piri
Peta	Phoenix	Pita
Petal	Photine	Pixie
Petaline	Phronsie	Pleasance
Petra	Phryne	Pleasant
Petrina	Phylicia	Plum
Petrita	Phylicity	Pnina
Petronel	Phylis	Pocahontas

Poesia
Poesy
Poet
Poiema
Pola
Polaris
Polina
Polis
Polissena
Polliana
Pollie
Polly
Pollyanna
Polymnia
Polyxena
Pomeline
Pomona
Ponijao
Pooja
Poppi
Poppie
Poppy
Porsha
Portia
Portlyn
Posey
Posie
Posy
Potomac
Prabhpreet
Praema
Pragya
Prairie
Pranaya
Prarthana
Prascovia
Prashanti

Praskovya
Prathia
Praveena
Pravina
Precious
Preslee
Presley
Pressy
Prestyn
Pretoria
Prewitt
Pria
Prianna
Prim
Prima
Primavera
Primeveire
Primina
Primrose
Primula
Princess
Pris
Prisca
Priscila
Priscilla
Priscille
Priska
Priskilla
Prisma
Priya
Priyadarshini
Priyah
Priyanka
Promis
Promise
Puma

Q

Qamra
Quanita
Queenie
Quenby
Quentea
Quentessa
Querida
Querube
Queta
Quetzal
Quetzali
Quetzalli
Quiana
Quillian
Quincey
Quincy
Quindelia
Quineta
Quinlee
Quinley
Quinn
Quinty
Quirina

R

Rabia
Rachana
Racheal

Rachel
Rachele
Rachelle
Rachelyn
Rachyl
Racquel
Radha
Radhika
Radka
Radlee
Radomira
Rae
Rae-lynn
Raea
Raeann
Raeanne
Raechel
Raechelle
Raegan
Raeghan
Raeleah
Raelie
Raelin
Raelle
Raelyn
Raelyne
Raelynn
Raen
Raena
Raevynn
Raewyn
Rafaela
Rafaella
Raffaela
Raffaella
Raffia
Ragan

Ragna
Ragnhild
Rahel
Rahil
Rahima
Rahma
Rahne
Rain
Raina
Rainah
Rainbow
Raine
Rainey
Raini
Rainie
Rainn
Rainna
Rainy
Raisa
Raita
Raivyn
Raizel
Raja
Rajamani
Rajani
Rajika
Rajmund
Rakeidra
Rakel
Ralana
Raleigh
Raluca
Ramella
Ramelle
Ramey
Ramia
Ramiele

Ramjit
Ramona
Ramonita
Ramsi
Ramya
Rana
Randee
Randi
Randy
Ranee
Rani
Rania
Ranita
Ranjeet
Ranjir
Ranjit
Rannveig
Ranveig
Raphaela
Raphaëlle
Rapunzel
Raquel
Raquelle
Rasa
Rasha
Rashauna
Rasheeda
Rashel
Rashelle
Rashida
Rashmi
Rashpal
Ratchel
Ratnakara
Raumina
Rava
Raven

Ravenna
Ravinia
Raviva
Ravyn
Rawan
Ray
Raya
Rayah
Rayanna
Rayannah
Rayanne
Raychel
Rayelle
Rayen
Raygan
Rayla
Raylee
Rayleigh
Raylene
Rayliegh
Raylin
Rayme
Raymonde
Rayna
Rayne
Raynel
Raynne
Rayo
Rayquel
Rayssa
Rayven
Razaan
Razia
Razilee
Reagan
Reagen
Reanan

Reanna
Reatha
Reau
Reba
Rebbeca
Rebeca
Rebecca
Rebecka
Rebeckah
Rebeka
Rebekah
Rebekka
Rebel
Red
Redell
Reece
Reed
Reegan
Reem
Reema
Reena
Reese
Reeva
Reeve
Refugio
Regan
Regene
Reggie
Regina
Regine
Regitze
Rehema
Rehtaeh
Rei
Reia
Reid
Reidun

Reigh
Reighlynn
Reign
Reiley
Reilly
Réiltín
Reilynn
Reina
Reinette
Reisa
Rejoice
Rejoyce
Reka
Rekha
Rella
Rema
Remedios
Remember
Remenyi
Remi
Remilia
Reminisce
Remy
Remyah
Rena
Renae
Renata
Renate
Renatta
Rene
Renea
Renee
Renelle
Renesemee
Renesme
Renesmee
Reness

Reni   Rheba   Richie
Renita   Rhemi   Richmal
Renmani   Rheta   Rickelle
Renna   Rheyna   Rickie
Rennie   Rhian   Ricole
Renowe   Rhiane   Ridgeley
Requiem   Rhianna   Ridley
Resa   Rhianne   Rie
Resha   Rhiannon   Riece
Reshma   Rhianydd   Riegan
Ressie   Rhienne   Rieko
Reta   Rhine   Rielle
Retha   Rhiya   Rielyn
Retta   Rhoda   Riesa
Reva   Rhona   Riese
Reve   Rhonda   Rifka
Reveka   Rhoswen   Rifkah
Revekka   Rhosyn   Riga
Revel   Rhudi   Rigmor
Reverie   Rhyan   Rihanna
Revital   Rhylan   Riho
Rexelle   Rhylee   Rika
Rey   Rhylen   Riki
Reyanne   Rhythm   Rikke
Reyhan   Ría   Rikki
Reyna   Riahn   Rikku
Reynae   Rian   Riklynn
Reynalda   Riana   Riko
Reynolds   Riann   Rila
Reza   Rianna   Rilda
Rhaine   Rianne   Rilee
Rhapsody   Riannon   Rileigh
Rhayne   Ricarda   Riley
Rhea   Riccarda   Rilla
Rheana   Ricci   Rilo
Rheanna   Richard   Rilynn
Rheanne   Richelle   Rima

Rin	Robess	Romilda
Rina	Robette	Romilly
Rinah	Robi	Romily
Rini	Robin	Romina
Rinnah	Robina	Romney
Rinoa	Roby	Romola
Rinslet	Robyn	Romona
Rio	Rochel	Romula
Rioghnach	Rocheli	Romy
Riona	Rochelle	Rona
Rionach	Rocío	Ronaleah
Ripley	Rocket	Ronda
Risa	Rococo	Ronette
Risha	Roelyn	Roni
Rishita	Roena	Ronia
Risica	Roenne	Ronit
Risika	Roewyn	Ronja
Rita	Rogue	Ronke
Ritza	Rohanna	Ronna
Riva	Rohese	Ronni
River	Rohini	Ronnie
Riverlyn	Roisin	Ronya
Rivers	Roksana	Roona
Riviera	Roksanaa	Rooney
Rivija	Rolanda	Roos
Rivka	Rolande	Roosje
Rivkah	Rolanna	Rori
Rivkie	Roma	Rory
Rixa	Romaine	Rosa
Riya	Romana	Rosa Maria
Rizpah	Romane	Rosabel
Roanne	Romany	Rosabella
Robbie	Rome	Rosabelle
Robbin	Romeeka	Rosabeth
Robbyn	Romelia	Rosaelia
Robert	Romelle	Rosaine
Roberta	Romi	Rosalba

Rosaleah
Rosalee
Rosaleen
Rosaleigh
Rosalia
Rosalice
Rosalicia
Rosalie
Rosalina
Rosalind
Rosalinda
Rosaline
Rosalva
Rosalyn
Rosalynn
Rosamaria
Rosamel
Rosamond
Rosamund
Rosana
Rosangela
Rosangelica
Rosann
Rosanna
Rosannah
Rosanne
Rosaria
Rosario
Rosarja
Rosaura
Rose
Rose Marie
Rose-Anne
Rosealyn
Roseann
Roseanna
Roseanne

Rosebay
Rosebella
Roseen
Rosegunde
Rosel
Roselen
Roselet
Roselie
Roselin
Roselina
Roseline
Rosella
Roselma
Roselyn
Roselynn
Rosemarie
Rosemary
Rosemonde
Rosephanye
Roser
Roses
Rosetta
Rosette
Rosetti
Rosewillow
Rosewyn
Rosey
Roshni
Rosia
Rosianna
Rosica
Rosie
Rosilyn
Rosina
Rosita
Roslin
Roslyn

Roslynn
Rosmerta
Rossana
Rossella
Rossie
Rosslyn
Roswitha
Rosy
Rotem
Rouge
Roula
Rovetta
Rowan
Rowanna
Rowen
Rowena
Rowenna
Rowyn
Rowynn
Roxana
Roxane
Roxani
Roxann
Roxanna
Roxanne
Roxelana
Roxette
Roxia
Roxie
Roxolana
Roxy
Roya
Royal
Royalty
Royelle
Royse
Roza

Rozalija
Rozaliya
Rozalynn
Rozana
Rozanne
Rozella
Rozene
Rozenwyn
Rozi
Rozlyn
Rozlynn
Rozmari
Rozmin
Rozsika
Ruari
Ruathy
Rubaline
Rubi
Rubia
Rubianna
Rubicela
Rubie
Rubiela
Rubina
Ruby
Rubye
Ruchel
Rudy
Rue
Rufina
Ruhama
Ruhamah
Ruhi
Rumbidzai
Rumer
Rumina
Rumjana

Rumor
Runa
Rupinder
Rusalka
Ruslana
Russet
Rut
Ruta
Rute
Ruth
Ruthann
Ruthanna
Ruthanne
Ruthe
Ruthea
Ruthie
Ruthistle
Rutina
Ruxandra
Rya
Ryah
Ryan
Ryann
Ryanna
Ryanne
Rydel
Ryden
Ryder
Ryenne
Ryiah
Rylen

S

Saadia
Saadet
Saba
Sabah
Sabela
Sabella
Sabina
Sabine
Sabitha
Sable
Sabra
Sabriel
Sabrina
Sabrine
Sabriya
Sabry
Sacagawea
Saccha
Sacha
Sachi
Sachiko
Sacora
Sada
Sadako
Sadb
Sadbh
Sade
Sadhana
Sadhbh
Sadia
Sadie
Sadira

Sadiya	Sakinah	Samhita
Sadye	Sakiya	Samia
Safaa	Sakura	Samira
Saffi	Sala	Samirah
Saffine	Saleisha	Samiya
Saffron	Salem	Samiyah
Saffy	Salena	Sammi
Safie	Saletta	Sammie
Safina	Saliha	Samuella
Safiya	Salima	Sana
Safra	Salina	Sanaa
Saga	Salleigh	Sanae
Sagan	Sallie	Sanai
Sagas	Sally	Sanaya
Sage	Salma	Sanaz
Sager	Saloma	Sancha
Sagrario	Salome	Sanchia
Sahalie	Salomea	Sancia
Sahana	Salomi	Sandeep
Sahar	Saloomeh	Sandi
Sahara	Salud	Sandie
Saharud	Salustiana	Sandra
Sahdiah	Salustianna	Sandriana
Sahra	Salvatrice	Sandrine
Sahri	Salwa	Sandy
Saia	Sam	Sang
Saida	Samai	Sangay
Saige	Samaire	Sangeeta
Saija	Samanda	Sanger
Saijal	Samanman	Sania
Sailar	Samanta	Saniah
Sailor	Samantha	Sanice
Saina	Samanvi	Saniya
Saira	Samara	Saniyah
Saiya	Samarah	Sanja
Sakai	Samaria	Sanjuana
Saki	Sameera	Sanjuanita

Sanjukta
Sanna
Sannah
Sanne
Sanni
Sanra
Sansa
Santa
Santana
Santesa
Santidad
Santina
Santos
Sanura
Sanya
Saoirse
Saori
Saorla
Saorlaith
Saory
Sapana
Sapfo
Saphia
Saphira
Saphire
Saphyre
Sapna
Sapphira
Sapphire
Sappho
Sara
Sarabella
Sarabelle
Sarabeth
Sarabi
Sarabjit
Saradora

Sarafina
Sarah
Sarah-Jane
Sarahi
Sarai
Sarajane
Sarala
Saralyn
Saranda
Saraswati
Saray
Saraya
Sari
Saria
Sariah
Sarianne
Sarie
Sarielle
Sárika
Sarin
Sarina
Sarita
Sariyah
šárka
Sarnali
Saro
Sarojshree
Saron
Sarraly
Sarrauh
Sascha
Sasha
Sashi
Sashmir
Sashya
Saskia
Saskie

Sassa
Sassinak
Sati
Satiah
Satine
Satwant
Satya
Satyana
Saule
Saundra
Savana
Savanah
Savanha
Savanna
Savannah
Savayta
Savera
Savesti
Savina
Savine
Savira
Savita
Savoy
Savvy
Savy
Sawyer
Saya
Sayantani
Sayde
Saydee
Sayetsi
Sayli
Saylor
Sayre
Sayuri
Sayward
Sayyida

Scarlet
Scarlett
Scarletta
Scarlette
Scarlitt
Scarlytt
Scathach
Scholastica
Schuyler
Scilla
Scotia
Scotland
Scout
Sea
Seallie
Seana
Seanna
Season
Seaton
Seattle
Seawillow
Sebastiana
Sebastienne
Sebella
Sebrena
Secret
Sedef
Sedell
Sedna
Sedona
Sedora
Seema
Seersha
Seija
Seika
Seiko
Seimone

Seiren
Seisia
Sejal
Sela
Selah
Selby
Selena
Selenah
Selene
Selenia
Selenne
Selephia
Selia
Selie
Selin
Selina
Selinda
Selini
Sellene
Selma
Semele
Semelina
Semiha
Semira
Semiramis
Sena
Senaida
Senara
Senay
Seneca
Senfronia
Senga
Senja
Senna
Sennett
Sensia
Seo-yeon

Seona
Sephora
September
Septima
Sequoia
Sera
Serafina
Serah
Seraph
Seraphia
Seraphin
Seraphina
Seraphine
Sereana
Sereen
Sereia
Seren
Serena
Serenade
Serenah
Serendipity
Serene
Sereniah
Serenity
Seresa
Seretha
Serilda
Serina
Serinda
Serine
Serita
Seriyah
Serra
Sertab
Sesilia
Sessilee
Sethe

Setiya	Shaindel	Shanika
Setota	Shakayla	Shaniqua
Seva	Shakeh	Shanita
Sevanne	Shakila	Shaniya
Sevasti	Shakira	Shaniyah
Sevda	Shakthi	Shanley
Sevde	Shakti	Shanna
Seven	Shala	Shannah
Severa	Shalanda	Shannan
Severena	Shalica	Shannary
Severina	Shalice	Shannelle
Séverine	Shalimar	Shannen
Sevi	Shalina	Shannessy
Sevilla	Shalita	Shannon
Sevina	Shalom	Shannondoeh
Seychelle	Shalonda	Shannyn
Sha'uri	Shalyn	Shanon
Shabnam	Shamala	Shanta
Shada	Shameka	Shantae
Shadi	Shamika	Shante
Shadia	Shamiran	Shantel
Shadiya	Shamiso	Shantell
Shadyn	Shana	Shantelle
Shae	Shanae	Shanti
Shaela	Shanda	Shaquana
Shaeleigh	Shandi	Shaquani
Shaelie	Shandiin	Shaquita
Shaelyn	Shandra	Shara
Shaelynn	Shandrea	Sharalyn
Shaheen	Shandy	Sharayah
Shahla	Shane	Sharee
Shaianne	Shanelle	Shareen
Shaielle	Shanen	Sharelle
Shaienne	Shange	Sharen
Shailene	Shani	Sharena
Shailey	Shania	Sharesa
Shaina	Shanice	Sharette

Shari
Sharice
Sharifa
Sharita
Sharkeisha
Sharla
Sharlee
Sharlene
Sharlie
Sharlotte
Sharman
Sharna
Sharnee
Sharon
Sharona
Sharonda
Sharpay
Sharron
Sharyn
Shashi
Shasta
Shatara
Shatavia
Shatha
Shauna
Shauni
Shaunice
Shaunna
Shaunteva
Shavon
Shavonne
Shawanda
Shawn
Shawna
Shawnee
Shawnie
Shawntae

Shawntelle
Shawree
Shay
Shayah
Shayda
Shayden
Shaye
Shayla
Shaylee
Shayleigh
Shaylene
Shaylie
Shaylin
Shaylyn
Shaylynn
Shayna
Shayne
Shea
Shealey
Shealyn
Shealynn
Sheba
Sheena
Sheethal
Sheherazade
Sheigh
Sheila
Sheindal
Sheine
Shekinah
Shelanda
Shelba
Shelbee
Shelbi
Shelbie
Shelby
Shelena

Shelene
Shelia
Shelice
Shelina
Shellcie
Shelley
Shelli
Shellie
Shelly
Sheloa
Shelton
Shelva
Shelyn
Shenae
Shenandoah
Shenequa
Shenoah
Sheraine
Sheralin
Sheree
Shereen
Sherelle
Sherene
Sheri
Sheridan
Sherie
Sherilyn
Sherin
Sherine
Sherita
Sherlee
Sherlyn
Sheron
Sherona
Sherra
Sherri
Sherrie

Sherrienna	Shirley	Shyloh
Sherrill	Shiva	Shyly
Sherron	Shivani	Shytavia
Sherry	Shivi	Sia
Sherryl	Shiyel	Siahna
Sherson	Shlomit	Sian
Sheryl	Shohreh	Siana
Shevaun	Sholeh	Siandrah
Shevit	Shoma	Sianna
Shey	Shona	Siara
Sheyenne	Shonda	Sibeal
Sheyla	Shonna	Sibella
Shiane	Shontelle	Sibilla
Shianne	Shosanna	Sibley
Shiela	Shoshona	Sibyl
Shifra	Shree	Sibyll
Shika	Shreenidhi	Sibylla
Shila	Shreeya	Sibylle
Shilah	Shreya	Sicily
Shillelagh	Shrijani	Siddalee
Shiloh	Shriya	Siddaly
Shiniqua	Shterna	Siddha
Shinobu	Shula	Sidney
Shiola	Shulamit	Sidonia
Shion	Shulamith	Sidonie
Shiphrah	Shura	Sidony
Shira	Shushan	Sidra
Shiralee	Shyamala	Sidsel
Shiraz	Shyann	Sieana
Shireen	Shyanna	Siella
Shirella	Shyanne	Siena
Shirelle	Shyarna	Sienna
Shirie	Shyla	Siera
Shirin	Shylah	Sierra
Shirlee	Shylar	Sierrah
Shirleen	Shylee	Sif
Shirlene	Shylo	Sigal

Sigfrida
Siglinda
Signe
Signy
Sigourney
Sigrid
Sigrun
Sigrunn
Sigurrós
Siham
Siiri
Sikwayi
Síle
Silena
Silence
Silene
Silje
Silka
Silke
Sille
Silvana
Silver
Silvia
Silviana
Silvie
Silvija
Sima
Simcha
Simi
Similkameen
Simona
Simone
Simonetta
Simonette
Simonida
Simonne
Simran

Simrin
Sina
Sinai
Sindhu
Sindi
Sine
Sinead
Sinforiana
Sini
Siobhan
Siobhana
Siofra
Siomha
Sionainn
Sionann
Siouxsie
Siran
Siranush
Siren
Sirena
Sirène
Siri
Siri.
Siriporn
Sirkka
Sirmata
Siroun
Sirvart
Sisely
Sissel
Sissela
Sissi
Sissy
Sister
Sistine
Sita
Sitara

Siuan
Siun
Siv
Sivan
Siwa
Siwan
Sixtine
Skadi
Skai
Skky
Sky
Skyden
Skye
Skyie
Skyla
Skylah
Skylan
Skylar
Skylark
Skyler
Skyli
Skylie
Skylynn
Skyrah
Slaina
Slava
Slavica
Slavka
Sloan
Sloane
Smera
Smilla
Smita
Smitha
Snefrid
Sneha
Snezhana

Snow
Snowelle
Snædís
Soazig
Socorra
Socorro
Soey
Sofia
Sofiah
Sofiana
Sofianne
Sofie
Sofija
Sofiya
Sofonisba
Sofy
Sofya
Soha
Sohalia
Sohnian
Sohvi
Soila
Sojourner
Sol
Sola
Solace
Solaina
Solana
Solange
Solara
Solaris
Solbjørg
Soledad
Soleil
Soleileia
Soleine
Solène

Solenne
Soleste
Sóley
Solfrid
Soliesse
Solita
Solja
Sollemnia
Solstice
Solveig
Solvej
Solvey
Soma
Somers
Sommer
Sona
Sonali
Sonaly
Sonary
Sonata
Sondra
Sonel
Song
Songkarn
Sonia
Sonja
Sonje
Sonnet
Sonoma
Sonora
Sonrisa
Sonya
Sookie
Sophea
Sopheah
Sopheia
Sophelia

Sophi
Sophia
Sophia Grace
Sophianne
Sophie
Sophie-Marie
Sophina
Sophonisba
Sophronia
Sophy
Soraia
Soraida
Sorana
Soraya
Soraya-rose
Sorcha
Sorella
Soriah
Sorina
Sorrel
Sorsha
Sose
Sosie
Sotiria
Soul
Sousanna
Souzanna
Sovannah
Sovay
Sovia
Sowenna
Sparks
Sparrow
Spencer
Spicer
Spring
Sreedevi

Stacey	Steph	Sukey
Staci	Stephani	Suki
Stacia	Stephania	Sukie
Stacie	Stephanie	Suky
Stacy	Stephany	Sula
Stana	Stephie	Sule
Stanislava	Stephy	Sulema
Star	Sterre	Sulia
Starla	Stevie	Sulie
Starleen	Stina	Sulochana
Starlene	Stine	Sumaiya
Starley	Stiofáiín	Sumanjit
Starli	Stojanka	Sumaya
Starlin	Storie	Sumayya
Starling	Storm	Sumiati
Starlynn	Storme	Sumire
Starr	Stormi	Summah
Stasia	Stormie	Summer
Stasya	Stormy	Summiya
Stav	Story	Sun
Stavroula	Styliani	Sunako
Steele	Støen	Sundara
Stef	Su	Sundari
Stefani	Sudha	Sunday
Stefania	Sudie	Sunflower
Stefanie	Sue	Sunita
Steffany	Sue-Ann	Sunna
Steffi	Suellen	Sunni
Stefka	Sufiyah	Sunnie
Stela	Sugey	Sunniva
Steliana	Suhaila	Sunny
Stella	Suheily	Sunrise
Stellabella	Sujata	Sunset
Stellar	Sujatha	Sunshine
Stellina	Sujey	Surabhi
Stellita	Suka	Suranna
Štěpánka	Sukanya	Suraya

Surelis
Suri
Surie
Surinder
Suriya
Surjeet
Surrey
Surriya
Sury
Surya
Susan
Susana
Susann
Susanna
Susannah
Susanne
Sushi
Sushila
Susie
Susy
Sutherlyn
Sutten
Sutton
Suuvi
Suvi
Suyana
Suzan
Suzana
Suzann
Suzanna
Suzannah
Suzanne
Suze
Suzette
Suzie
Suzy
Svanhild

Svea
Svetlana
Sveva
Swan
Swathi
Swati
Swayze
Sweta
Swintayla
Sy'rai
Syani
Sybella
Síle

T

Tabassum
Tabby
Tabetha
Tabia
Tabita
Tabitha
Tabrett
Tace
Tacey
Tacie
Tacita
Tacy
Taedra
Taeka
Taelyn
Taffeta
Taffryn
Taffy

Tagiane
Taguhi
Tahesha
Tahia
Tahira
Tahirih
Tahki
Tahlia
Tahliah
Tahlulah
Tahnee
Tai
Taide
Taige
Taija
Taika
Tailor
Tailynn
Taimi
Taina
Taisha
Taisie
Taissa
Taite
Taitlynn
Taitum
Taiya
Taja
Tajia
Tajinder
Takara
Tal
Talaina
Talaya
Taleah
Tali
Talia

Taliana	Tameka	Taney
Talie	Tamela	Tangakin
Talika	Tamera	Tangela
Talin	Tamey	Tangier
Talina	Tami	Tangwystl
Talini	Tamia	Tania
Talisa	Tamie	Tanika
Talise	Tamika	Tanis
Talitha	Tamiko	Tanisen
Taliyah	Tamina	Tanisha
Talli	Tammi	Tanit
Tallis	Tammie	Tanita
Tallulah	Tammiella	Tanith
Tally	Tammin	Taniya
Talmun	Tammis	Taniyah
Talor	Tammy	Tanja
Talula	Tamora	Tanna
Talullah	Tamra	Tannar
Talya	Tamryn	Tanner
Talyia	Tamsen	Tannis
Talyn	Tamsie	Tansy
Talynn	Tamsin	Tanya
Talyse	Tamsyn	Tanyka
Tamaira	Tamura	Tanzie
Tamala	Tamya	Tara
Tamaliah	Tamzin	Tara-Anjali
Tamana	Tana	Tarah
Tamar	Tanae	Taraji
Tamara	Tanalyn	Taralyn
Tamarind	Tananda	Taralynn
Tamaris	Tanaya	Taree
Tamaryn	Tanayah	Taren
Tamasin	Tancy	Tari
Tamatha	Tanda	Tarin
Tambi	Tandi	Tarina
Tambria	Tandilyn	Tarja
Tameah	Tanesha	Tarni

Tarra
Tarrah
Tarren
Tarsam
Tarsha
Tarsila
Taryn
Tarynn
TaŠa
Tasahni
Tasanee
Tasha
Tashanay
Tashina
Tasi
Tasia
Taslima
Tasmine
Tasneem
Tasnim
Tassiana
Tasya
Tate
Tateleigh
Tatem
Tateum
Tatiana
Tatianna
Tatiara
Tatienne
Tatjana
Tattina
Tatum
Tatyana
Tatyanah
Tatyanna
Tauriel

Tausha
Tavi
Tavia
Tavie
Tavor
Tavora
Tawakel
Tawana
Tawanda
Tawanna
Tawnee
Tawney
Tawni
Tawnie
Tawny
Tawnya
Taya
Tayana
Tayci
Tayen
Tayga
Tayla
Taylah
Taylee
Tayler
Tayleur
Taylie
Taylin
Taylor
Taylore
Taylynne
Taynee
Taysia
Taythan
Taytum
Tayvia
Tazashia

Tea
Teagan
Teaghan
Teal
Teale
Teann
Tecla
Teddy
Teegan
Teela
Teena
Tegan
Teghan
Tegwen
Tehani
Tehila
Tehilla
Tehillah
Tehya
Tehzlyn
Teia
Teigan
Teila
Teirra
Teisha
Teja
Tejinder
Tekla
Telina
Tellervo
Telma
Temily
Temperance
Tempest
Tempeste
Tempie
Temple

Temwa	Teshla	Thea
Tena	Tesia	Theadora
Tenaya	Tesla	Thecla
Tender	Tesni	Theda
Teneca	Tesoro	Theia
Tenesha	Tess	Thekla
Tenika	Tessa	Thelma
Tenisha	Tessaly	Thembeka
Tenley	Tessara	Themis
Tennessee	Tessie	Theo
Tennie	Tethys	Theoda
Tennille	Tetyana	Theodocia
Teodora	Teva	Theodora
Teodozia	Tevis	Theodosia
Teofila	Texanna	Theofania
Tera	Texas	Theola
Terabithia	Teyanna	Theone
Tererai	Teyarna	Theoni
Teresa	Thaddea	Theophania
Terese	Thaia	Theophanie
Teresia	Thailiagh	Theophila
Teresita	Thais	Theora
Teressa	Thaisa	Theres
Tereza	Thalassa	Theresa
Teri	Thalatha	Therese
Terilyn	Thaleia	Theresia
Terin	Thalia	Theryn
Terra	Thalie	Thessaly
Terralien	Thalissa	Theta
Terri	Thallo	Thetis
Terrie	Thamen	Thia
Terry	Thandeka	Thisbe
Tertia	Thandi	Thomasin
Terttu	Thandie	Thomasina
Teryn	Thandiwe	Thomasine
Tesalyn	Thanet	Thomasyn
Tesca	Thao	Thomasyne

Thora
Thuy
Thyia
Thyme
Thyone
Thyra
Thyrra
Tia
Tiahna
Tiana
Tianna
Tiara
Tiaret
Tiarna
Tiarne
Tiarra
Ticha
Tiegan
Tiera
Tierney
Tierra
Tiersa
Tierza
Tif
Tifa
Tiffani
Tiffanie
Tiffany
Tiffin
Tiffiney
Tiffiny
Tiffney
Tiffy
Tiger Lily
Tigerlily
Tiggy
Tihana

Tiia
Tiina
Tijana
Tijuana
Tika
Tikal
Tikvah
Tilda
Tilde
Tilder
Tilia
Tilla
Tillie
Tilly
Tilney
Timandra
Timara
Timaree
Timarion
Timberlake
Timberly
Timbre
Timbrel
Timea
Timna
Timothea
Tina
Tinaya
Tinder
Tindra
Tine
Tinka
Tinley
Tinny
Tinsley
Tinuviel
Tiny

Tionne
Tiphany
Tipper
Tirienne
Tiril
Tirion
Tirtza
Tirtzah
Tirzah
Tisa
Tish
Tisha
Tishala
Tishia
Titania
Titina
Tiye
Tiziana
Tobi
Tobin
Toby
Tocara
Toccara
Tohru
Toi
Toiya
Tokka
Tomasa
Tomeka
Tomika
Tomiko
Tomlin
Tommi
Tommiah
Tommie
Tomoko
Tonantzin

Tone	Towanda	Trina
Toni	Townley	Trine
Tonia	Toy	Trini
Tonja	Toya	Trinidad
Tonje	Toyah	Trinity
Tonna	Tracee	Triona
Tonya	Tracena	Tripat
Tooba	Tracey	Tris
Tootsie	Traci	Trish
Topanga	Tracie	Trisha
Topaz	Tracina	Trissa
Tora	Tracy	Trista
Torah	Tram	Tristan
Torbjørg	Tranquility	Tristana
Tordis	Trazana	Tristen
Torhild	Treasa	Tristine
Tori	Treasure	Tristyn
Torianna	Treasures	Trix
Torie	Treemonisha	Trixie
Toril	Treena	Troian
Torild	Trena	Troya
Torill	Trenay	Tru
Torrance	Trenna	Trude
Torre	Tresa	Trudie
Torrie	Treslyn	Trudy
Torunn	Tressa	Truelian
Tosca	Tressie	Truely
Toscana	Tressye	Trula
Tosha	Treva	Truly
Toshiko	Trevlin	Truvy
Tottie	Treya	Tryphena
Toula	Trianna	Trysta
Toulane	Tricia	Tsega
Tourin	Trijntje	Tsunade
Tova	Trilby	Tsuru
Tovah	Trillian	Tucker
Tove	Trillium	Tuesday

Tui
Tula
Tulin
Tulip
Tulisa
Tullia
Tully
Tulsi
Tunde
Tündér
Tundra
Tupelo
Tuppence
Turandot
Turid
Turkessa
Turner
Turquoise
Tushara
Tuuli
Tuva
Tuyet
Tyra

Uaine
Ujana
Ulani
Ulrika
Ulrike
Ultima
Ulvhild
Ulyana

Ulyssa
Uma
Umbelina
Umbria
Ume
Umeko
Una
Undie
Undine
Unhei
Unice
Unique
Unita
Unity
Unn
Unni
Urania
Urassaya
Urni
Urraca
Ursa
Ursina
Ursula
Urszula
Urtė
Uruma
Usha
Uzma

Vala
Valancy
Valarece

Valarie
Valborg
Valda
Valdine
Vale
Valencia
Valera
Valeria
Valerie
Valerija
Valeriya
Valery
Valeska
Valetta
Valia
Valina
Valinda
Valka
Valkíria
Valkyrie
Vallee
Valleri
Valli
Vallie
Vally
Valma
Valmay
Valorie
Valpuri
Valriana
Valya
Valyn
Vancha
Vandana
Vandra
Vanellope
Vanesa

Vanessa	Velia	Vernell
Vanessza	Velina	Vernice
Vanetta	Vella	Vernie
Vangie	Velma	Vernita
Vani	Velta	Verochka
Vanity	Velva	Verolyn
Vanja	Velvet	Verona
Vanna	Vena	Verone
Vannie	Vendetta	Veronica
Vanora	Venessa	Veronicah
Varduhi	Venetia	Veronika
Varsha	Venezia	Veroniki
Varsnie	Venice	Veronique
Varvara	Venita	Versie
Vasantha	Venla	Verta
Vasanti	Venus	Vertie
Vashanti	Venya	Veruca
Vashti	Veola	Veruschke
Vasilia	Vera	Verusha
Vasiliki	Verda	Verveine
Vasilisa	Verdiana	Veryan
Vasilissa	Verdie	Veslemøy
Vassie	Vered	Vesna
Vaughn	Verena	Vesper
Vauneda	Verene	Vespera
Vavy	Verenice	Vesta
Vayden	Vergie	Veta
Vayla	Verica	Veva
Vaylyn	Veridian	Vezna
VeAnn	Verily	Vhana
Veatriki	Verity	Vi
Vechta	Verla	Via
Veda	Verlene	Vianey
Veera	Verlie	Vianna
Vega	Verlyn	Vianne
Vela	Verna	Vianney
Velda	Vernee	Viatrix

Vibeke
Vicenta
Vickey
Vicki
Vickie
Vicky
Victoire
Victoria
Victorine
Victory
Vida
Vidalia
Vidya
Vienna
Vienne
Vierra
Vigdis
Viiu
Viivi
Vika
Vikki
Viktoria
Viktorie
Viktorija
Viktoriya
Vilda
Vilde
Villette
Vilma
Vina
Vincenza
Vincenzina
Vineeta
Vinia
Vinnie
Viola
Violanda

Violante
Violet
Violeta
Violetta
Violette
Viona
Vionnet
Viori
Viorica
Virelai
Virgene
Virgia
Virgie
Virginia
Virginie
Viridiana
Viridis
Virnell
Visitación
Visnja
Vissia
Vita
Vitani
Vitina
Vitória
Vittoria
Viv
Viva
Vivaldi
Viveca
Vivetta
Vivi
Vivia
Vivian
Vivica
Vivien
Vlasta

Voe
Vrai

W

Wafiya
Waheeda
Wakana
Walda
Waleska
Walker
Wallis
Walterena
Waltraud
Wanda
Waneca
Wanelle
Waneta
Wangari
Wanita
Wanjiku
Wara
Wava
Waverley
Waverly
Waylin
Waylyn
Waynoka
Wayonka
Weasy
Wednesday
Welles
Welsley
Wenche

Wenda
Wendi
Wendie
Wendla
Wendolyn
Wendy
Wenona
Weronika
Wesleigh
Weslyn
Westly
Westlyn
Whim
Whisper
Whitley
Whitney
Whitter
Whittier
Wietske
Wiktoria
Wilda
Wilder
Wilderness
Wilhelmina
Wilhelmine
Willa
Willamina
Willene
Willia
Willie
Williemae
Willodean
Willona
Willow
Wilma
Wilsonia
Windflower

Windy
Winema
Wineva
Winifred
Winifrid
Winna
Winnette
Winnie
Winnifred
Winola
Winona
Winry
Winslet
Winslow
Winsome
Winter
Winter Breeze
Wiola
Wisteria
Witlee
Wolfie
Wonder
Wren
Wynonna

Xandra
Xandy
Xandri
Xandria
Xantara
Xanthe
Xanthea

Xanthia
Xanthis
Xanti
Xara
Xavia
Xavianna
Xaviera
Xavière
Xayla
Xe'Nedra
Xena
Xenia
Xenobia
Xeona
Xhanell
Xhesika
Xhivani
Xhuliana
Xia
Xiamara
Ximena
Xina
Xiomara
Xiomya
Xionara
Xiou
Xochie
Xochitl
Xoe
Xoey
Xosha
Xristina
Xuan
Xylia

Y

Yadira
Yafa
Yaire
Yajaira
Yamilet
Yamileth
Yamilette
Yana
Yancey
Yanel
Yaneli
Yaneliz
Yanelly
Yanely
Yanina
Yanira
Yannah
Yannick
Yanshi
Yara
Yardleigh
Yardley
Yareli
Yarelli
Yarely
Yaretzi
Yarielis
Yaritza
Yashodhara
Yasi
Yasmeen
Yasmin

Yasmina
Yasmine
Yasoda
Yassa
Yassamin
Yaumara
Yaya
Yayla
Yazia
Yazmin
Yazmyne
Yeardley
Yehudis
Yehudit
Yekaterina
Yekira
Yelena
Yelka
Yemanji
Yemen
Yemima
Yennifer
Yera
Yesenia
Yesica
Yessenia
Yessica
Yetta
Yeva
Yevdokiya
Yevette
Yevgeniya
Yezenia
Ygritte
Yianna
Yiasemi
Yildiz

Yiona
Ylenia
Ylva
Yma
Ynez
Yngvild
Yoanna
Yobhel
Yocheved
Yoela
Yohanna
Yoki
Yoko
Yoksan
Yolanda
Yolande
Yolany
Yolonda
Yonina
Yonit
Yoobin
Yoselin
Yoshiko
Youna
Yriana
Yrsa
Ysabeau
Ysabel
Ysabella
Ysaline
Ysanne
Ysbal
Ysela
Ysella
Yselle
Yseult
Ysobelle

Ysolde
Yue
Yui
Yuki
Yukia
Yukiko
Yuko
Yuliana
Yulianna
Yulissa
Yuliya
Yume
Yumi
Yumna
Yuna
Yunoka
Yunuen
Yuridia
Yurika
Yusra
Yustina
Yuvia
Yuzu

Z

Zabby
Zabrina
Zada
Zadie
Zady
Zaelia
Zafira

Zafrina
Zafyra
Zaha
Zahara
Zahava
Zaheera
Zahli
Zahlia
Zahra
Zaia
Zaida
Zaide
Zaidee
Zaile
Zailey
Zaily
Zaina
Zainab
Zaira
Zakelina
Zakeya
Zakira
Zakiya
Zakiyah
Żaklina
Zakya
Zali
Zalika
Zalira
Zaltana
Zalyn
Zamia
Zamora
Zana
Zandra
Zandy
Zane

Zaneeta
Zaneta
Zaniah
Zanita
Zaniyah
Zanna
Zanta
Zanthe
Zanya
Zaor
Zapressa
Zara
Zarah
Zareah
Zareen
Zari
Zaria
Zariah
Zarie
Zarifa
Zarina
Zarita
Zariyah
Zarya
Zatanna
Zaya
Zayda
Zayla
Zaylee
Zaylia
Zaylie
Zaylynn Rain
Zayn
Zayna
Zaynab
Zayra
Zayva

Zaza	Zephie	Zion
Zazie	Zephyr	Zipporah
Zdislava	Zephyrine	Zira
Zee	Zepour	Zissy
Zeely	Zera	Zita
Zeenat	Zerelda	Ziva
Zefira	Zeriah	Ziyi
Zeina	Zerlina	Zlata
Zeisha	Zerna	Zoa
Zeituni	Zeta	Zobia
Zel	Zethra	Zoda
Zela	Zetta	Zoe
Zelah	Zettie	Zoelie
Zelda	Zevvi	Zoeline
Zelena	Zeya	Zoella
Zelia	Zeynep	Zoelle
Zelie	Zhaklina	Zoey
Zelinda	Zhanet	Zoeya
Zeline	Zhanna	Zofia
Zella	Zhenya	Zoha
Zelma	Zhinni	Zohal
Zelpha	Zia	Zoi
Zemarah	Ziana	Zoie
Zemirah	Zielissa	Zoila
Zena	Zilee	Zola
Zenaida	Zilia	Zona
Zenaide	Zilla	Zonnie
Zenda	Zillah	Zooey
Zendaya	Zillana	Zophia
Zenia	Zilpha	Zora
Zenida	Zilphia	Zoraida
Zenisha	Zilynn	Zoraïde
Zenith	Zina	Zoraya
Zenna	Zinaida	Zoriana
Zenobia	Zinnia	Zorica
Zenolia	Zinovia	Zorka
Zenovia	Zinoviya	Zosia

Zosima
Zowie
Zoya
Zulema
Zureen

Partie 2: Prénoms de bébés pour les garçons

A

Aaden
Aadem
Aadne
Aadolf
Aahrok
Aahron
Aali
Aalim
Aaradhya
Aarian
Aariyeh
Aaro
Aaron
Aart
Aaru
Aatu
Aayden
Aban
Abanoub
Abasi
Abaven
Abayomi
Abbin
Abbott
Abdallah
Abdiel
Abdul
Abdullah
Abdulrahman
Abe
Abed

Abel
Abelard
Abelardo
Aberforth
Abey
Abhay
Abhaya
Abhi
Abhijeet
Abhinav
Abhishek
Abiah
Abie
Abiel
Abimael
Abimanyu
Abner
Abraham
Abrahama
Abrahamu
Abrahin
Abrahim
Abrahm
Abrahon
Abrakham
Abram
Abramo
Abran
Abraram
Abrax
Abraxas
Abriel
Absalom
Absalon
Absolom
Abuchi
Acacio

Ace
Acelin
Achebe
Acheron
Achille
Achilles
Achilleus
Achim
Acie
Ackerley
Ackley
Actaeon
Acton
Adahy
Adair
Adalberto
Adalwolf
Adam
Adamo
Adan
adar
Adare
Addison
Ade
Adelard
Adelbert
Adelmo
Aden
Adek
Adern
Adert
Adiel
Adil
Adim
Adin
Adisa
Adison

Aditya	Aerlin	Aimen
Adlai	Aerol	Aimery
Adler	Aeryn	Aindreas
Adley	Aeson	Aindriu
Admir	Aesten	Ainsley
Admiral	Aetius	Airyck
Admon	Aevryn	Aithan
Adnan	Afonso	Aitor
Adolf	Agamemnon	Ajahni
Adolfo	Agamjot	Ajani
Adolph	Agan	Ajax
Adolphus	Agapito	Ajay
Adonai	Agathon	Ajinder
Adone	Agimar	Ajit
Adoniah	Agin	Akash
Adoniram	Aginhart	Åke
Adonis	Agnello	Akeem
Adriaan	Agnus	Akiba
Adrian	Agostino	Akili
Adriano	Agurys	Akim
Adrianus	Agustin	Akio
Adric	Ahab	Akira
Adriel	Aharon	Akito
Adrien	Ahijah	Akiva
Adrik	Ahmad	Aklen
Adryan	Ahmed	Akon
Adventure	Aidah	Akor
Aedan	Aidan	Aksel
Aegidius	Aiden	Akseli
Aegir	Aidenn	Akshat
Aelius	Aidric	Akshay
Aemon	Aidyn	Al
Aeneas	Aiken	Ala
Aengus	Ailben	Aladdin
Aenon	Ailik	Alai
Aenor	Ailil	Alain
Aeric	Ailm	Alan

Alaric	Aldus	Alif
Alasdair	Aldwyn	Alfie
Alastair	Alec	Alfons
Alastar	Aleczander	Alfonso
Alastor	Aleem	Alfonzo
Alazander	Alef	Alford
Alazar	Aleister	Alfred
Alban	Aleix	Alfredo
Albe	Alejandro	Algene
Albee	Alejo	Alger
Alben	Alek	Algernon
Alberic	Alekos	Algie
Albert	Aleksan	Ali
Alberto	Aleksandar	Alim
Albertos	Aleksander	Alijah
Albertus	Aleksanteri	Alik
Albie	Aleksei	Alikanderix
Albin	Aleksi	Alim
Albino	Aleph	Alistair
Albion	Aleron	Alister
Albrecht	Alessandro	Alixander
Albright	Alessio	Allan
Albus	Alex	Allegro
Alby	Alexander	Allen
Alcaeus	Alexandre	Allie
Alcander	Alexandreus	Allison
Alcee	Alexandro	Allouette
Alcide	Alexandros	Allyn
Alcuin	Alexandru	Alma
Alden	Alexavier	Almanzo
Alder	Alexei	Almond
Aldis	Alexi	Almus
Aldo	Alexian	Alner
Aldous	Alexios	Alois
Aldric	Alexis	Aloise
Aldrich	Alexzander	Aloisio
Aldrin	Alf	Alojz

Alok	Alyl	Ames
Alon	Alyn	Amias
Alonso	Alyosha	Amiel
Alonza	Amachi	Amik
Alonzo	Amadeo	Amintore
Aloys	Amadeus	Amir
Aloysius	Amadi	Amiri
Alper	Amado	Amit
Alpertti	Amador	Amitabh
Alpha	Amadou	Amitai
Alphaeus	Amadour	Ammar
Alphard	Amahl	Ammon
Alpheus	Amalric	Amnon
Alphonse	Aman	Amon
Alphonser	Amani	Amondo
Alpih	Amar	Amor
Alpin	Amare	Amory
Alric	Amari	Amos
Altair	Amarion	Amran
Altan	Amaro	Amram
Alter	Amaru	Amrik
Alto	Amasa	Amyas
Alton	Amaury	Amycus
Alucard	Ambrogio	Anacleto
Alun	Ambroise	Anacletus
Alva	Ambroos	Anakin
Alvah	Ambrose	Ananias
Alvan	Ambrosio	Anaru
Alvar	Ambrosio	Anastacio
Alvaro	Ambrosius	Anastasios
Alvary	Amco	Anastasius
Alveera	Amedep	Anat
Alvie	Ameer	Anatole
Alvin	Americo	Anatoly
Alvis	Americus	Anaxander
Alvy	Amel	Ancel
Alwin	Amery	Anchor

Anchorage	Andy	Anton
Ander	Aneeque	Antone
Anders	Anes	Antonello
Anderson	Aneil	Antoni
Andersonn	Aneurin	Antonin
Andin	Angel	Antonino
Andon	Angelo	Antonio
Andor	Angelos	Antonios
Andra	Angie	Antonius
Andrak	Angus	Antony
Andranik	Anibal	Antti
Andre	Aniceto	Antwan
Andrea	Anik	Antwon
Andreas	Aniket	Anwar
Andrees	Anil	Anxo
Andrei	Animal	Aodh
Andrej	Anis	Aodhan
Andrejs	Anker	Apolinar
Andreo	Anndra	Apollo
Andres	Annibale	Apollon
Andreu	Anns	Apostolos
Andreus	Annunziato	Apu
Andrew	Ansel	Aqil
Andrey	Anselm	Aquarius
Andrezj	Anselmo	Ara
Andric	Ansem	Arabian
Andries	Ansgar	Aragon
Andrii	Anshul	Aragorn
Andrija	Ansillo	Aram
Andrin	Anson	Aramis
Andris	Antero	Arandu
Andrius	Anthem	Arash
Andriy	Anthony	Arashi
Androcles	Antidote	Aravind
Andros	Antioch	Araz
Andrus	Antione	Arcadio
Andrzej	Antoine	Arcangelo

Arch
Archer
Archibald
Archie
Archil
Archimedes
Archon
Arcturus
Arda
Ardell
Arden
Ardghal
Ardian
Ardo
Are
Arel
Ares
Argaeus
Argent
Argon
Argos
Argus
Arop
Ari
Ariah
Arian
Arias
Aric
Arie
Arieh
Ariel
Arier
Aries
Arik
Arild
Aris
Ariss

Aristeo
Aristide
Aristides
Ariston
Aristotle
Arius
Arjen
Arjun
Arkadios
Arkadiusz
Arkadiy
Arkady
Arki
Arlan
Arland
Arlen
Arley
Arlie
Arlin
Arling
Arlington
Arlis
Arliss
Arlo
Arlow
Armaan
Arman
Armand
Armando
Armani
Armeet
Armel
Armen
Armikka
Armin
Armistead
Armond

Armstrong
Arnaldo
Arnau
Arnaud
Arnav
Arne
Arnie
Arnish
Arno
Arnold
Arnoldo
Arnulfo
Aroldo
Aron
Arrak
Arram
Arran
Arrigo
Arrington
Arron
Arrow
Arsen
Arsep
Arsenio
Arsenios
Arseniusz
Arseniy
Arshaluys
Art
Artair
Artem
Artemas
Artemio
Artemis
Artemus
Arther
Arthur

Artie	Ashal	Atrus
Artin	Ashby	Atrush
Artis	Asher	Atticai
Artoun	Ashley	Atticus
Arttu	Ashok	Attila
Artturi	Ashraf	Attilio
Artur	Ashton	Attison
Arturo	Ashwin	Atul
Artyom	Ashworth	Atz
Arun	Asier	Auberon
Arunabh	Asif	Aubrey
Arvel	Aslan	Auden
Arvid	Aspen	Audie
Arvil	Asriel	Audrey
Arvin	Aster	Audun
Arvind	Astin	Augie
Arvo	Aston	August
Arwen	Astor	Augustan
Arwyn	Astrophel	Augustas
Ary	Asuncion	Auguste
Aryan	Ataman	Augusten
Aryeh	Atanas	Augustijn
Asa	Athan	Augustin
Asad	Athanasios	Augustine
Asael	Athanasius	Augusto
Asafa	Athelstan	Augustus
Asaiah	Athen	Aulay
Asani	Athol	Aurèle
Asante	Athos	Aurelian
Asan	Atilla	Aurelien
Asaph	Atlas	Aurelio
Ascencion	Atlee	Aurelius
Ascher	Atom	Auren
Aschton	Aton	Auric
Asdrubal	Atreides	Austell
Ash	Atreyu	Austen
Asha	Atrius	Auster

144

Austeyn
Austin
Auston
Austyn
Auther
Author
Avan
Averett
Averil
Averill
Avery
Avett
Avgoustinos
Avi
Avie
Avien
Avier
Avin
Avitus
Aviv
Avneet
Avon
Avory
Avram
Avraam
Avram
Avriah
Avrian
Avrohom
Avrum
Avtar
Awnan
Awsten
Axel
Axl
Axton
Ayaan

Ayal
Ayaz
Aydan
Ayden
Aydin
Ayers
Ayler
Ayman
Aymeric
Ayo
Ayron
Ayrton
Ayub
Ayvin
Azarel
Azariah
Azaryah
Aziz
Azizul
Azizun
Azizus

B

Babah
Baban
Babar
Baby
Baden
Badi
Badil
Baer

Bagheera
Bahal
Bahran
Bailey
Bailos
Baird
Baken
Baker
Balanchine
Balbeem
Balbeer
Baldassare
Baldev
Baldovino
Baldur
Baldwin
Balen
Balian
Balin
Balis
Ballard
Balminder
Baltazar
Balthazar
Balvinder
Bando
Bandos
Bane
Banister
Banjo
Banks
Banner
Bannon
Banquo
Baptiste
Barack
Barak

Baraka	Bas	Beauxregard
Barbara	Bascom	Beck
Barclay	Bash	Becker
Bard	Bashir	Beckett
Bardot	Basil	Beckham
Barend	Basilio	Bede
Baris	Basim	Bedford
Barker	Basse	Bedrot
Barke	Bastian	Bee
Barna	Bastien	Beecher
Barnabah	Batu	Behrouz
Barnabas	Baudelaire	Bejit
Barnaby	Baudouin	Bela
Barnard	Bauer	Belarius
Barnes	Bautista	Bellamy
Barney	Baxley	Belvin
Baron	Baxter	Ben
Barrett	Bayar	Benaiah
Barrie	Bayard	Benar
Barrik	Bayes	Bence
Barrington	Baylen	Benedek
Barun	Baylin	Benedet
Barry	Baylor	Benedict
Bart	Bayne	Benedito
Bartek	Baynes	Benen
Bartemius	Bayo	Beniah
Bartholomeus	Baz	Beniamino
Bartlomiej	Bazah	Benicio
Barto	Bazil	Benigno
Bartok	Beale	Benito
Bartolomeo	Bear	Benjamen
Bartolomeu	Beau	Benjamim
Barton	Beaudan	Benjamin
Bartosz	Beauden	Benjen
Barty	Beaumont	Benji
Baruch	Beauregard	Bennet
Barwon	Beaux	Bennett

Bennie	Bernie	Bion
Bennison	Bernon	Birch
Benno	Bernt	Birchard
Benny	Berry	Birger
Benok	Bert	Birhanu
Benoni	Bertalan	Birk
Bensen	Berthold	Bishop
Bent	Bertholdt	Bix
Benson	Berthony	Bixby
Bentlee	Bertie	Bjarne
Bentley	Berto	Bjarni
Bently	Berton	Bjorn
Benton	Bertur	Blas
Bentar	Bertrand	Blade
Benyamin	Berwyn	Bladen
Benzion	Beryl	Blaine
Beorn	Besnik	Blair
Beppe	Beto	Blaise
Beppet	Bettino	Blake
Berdon	Betzalel	Blanc
Bereket	Bevan	Blane
Beren	Beverly	Blanket
Berenger	Bhajan	Blas
Beres	Bhavan	Blase
Berge	Bhavin	Blaynen
Bergen	Biagio	Blayson
Beriah	Biel	Blayz
Beric	Bienvenido	Blayze
Berj	Bilal	Blazen
Berjik	Bilbo	Blazej
Berkeley	Bill	Blazhe
Berkley	Billie	Bleiz
Berlin	Billy	Bligh
Bernard	Bing	Blinn
Bernardo	Binghan	Blitz
Bernett	Biniyam	Blixa
Bernhard	Binyamin	Bloom

Blue	Boromir	Brahms
Blues	Borys	Braiden
Boam	Bosco	Braison
Boa	Boston	Braith
Boaz	Boswell	Bram
Bob	Botond	Bramwell
Bobak	Bowden	Bran
Bobbie	Bowdoin	Branan
Bobby	Bowen	Brancen
BoDamian	Bowie	Branch
Bode	Bowman	Brand
Bodee	Bowyer	Brandan
Boden	Boyce	Branden
Bodhi	Boycek	Brander
Bodie	Boyd	Brando
Bogdan	Bozeman	Brandon
Boghos	Braam	Brandt
Bogumil	Brace	Brandy
Bohdan	Bracken	Brandyn
Bojan	Brad	Brannen
Bolesław	Bradan	Brannigan
Bolt	Braddock	Brannock
Bomani	Braddon	Brannon
Bonaventura	Braden	Branson
Bonaventure	Bradford	Brant
Bond	Bradie	Brantlee
Boniface	Bradley	Brantley
Bonifacio	Bradly	Branwell
Bonifaz	Bradon	Brasen
Booker	Brady	Braston
Boomer	Bradyn	Braulio
Boone	Braeden	Braun
Booth	Braedin	Bravery
Boq	Braedon	Braxson
Bora	Braedyn	Braxton
Boril	Braelin	Bray
Boris	Bragi	Brayan

Braychan	Brettley	Britton
Braydan	Bretton	Brixton
Brayden	Brevin	Broadus
Braydon	Brevyn	Broc
Braylen	Brewer	Brock
Brayley	Brewster	Brockton
Braylon	Brexton	Brodee
Brayson	Breyer	Broden
Brayton	Breyson	Brodim
Brazen	Briah	Broderick
Breaker	Brian	Brodie
Breccan	Brice	Brody
Breck	Bricen	Brogan
Breckan	Brick	Brokos
Brecken	Bridger	Brolin
Brecki	Bridh	Broly
Brekkin	Briek	Brom
Bren	Brien	Bromde
Brendan	Brier	Bronc
Brenden	Brigg	Bronislaw
Brendin	Briggs	Bronson
Brendon	Brigham	Bronwyn
Brendus	Brighton	Bronx
Brennan	Briley	Bronze
Brennen	Brindley	Brook
Brenner	Brinton	Brooker
Brennon	Brinxton	Brooklyn
Brennus	Brioc	Brooks
Brenon	Brion	Brown
Brent	Brisan	Browning
Brentley	Briscoe	Bruce
Brenton	Brishan	Bruin
Brentyn	Brison	Brunsol
Breock	Brisyn	Brunson
Brek	Brit	Bryan
Bret	Briton	Bryant
Brett	Britt	Bryar

Bryce
Brycen
Brychan
Bryden
Brydon
Bryer
Brym
Bryn
Brynner
Bryon
Bryom
Bryshon
Bryson
Bubba
Buchanan
Buck
Buckley
Budil
Buddie
Buddy
Buford
Bukhosi
Burak
Burgess
Burhan
Burke
Burl
Burleigh
Burley
Burn
Burnell
Burney
Burrell
Burt
Burton
Busir
Buster

Buzz
Buzin

C

Cab
Cabe
Cable
Cabot
Cace
Cadao
Cade
Cadel
Cadell
Caden
Caelan
Cador
Cadfael
Cadmiah
Cadmon
Cadmus
Cadogan
Cador
Cadwalader
Cadwaladr
Cadwallader
Caedmon
Caedyn
Cael
Caelan
Caeleb
Caelen
Cailean
Caelius

Caellum
Caelum
Caelus
Caetano
Cage
Cagney
Cai
Cain
Caiden
Cail
Cailean
Caillou
Cain
Cainan
Caine
Cainon
Caio
Cairbre
Cairo
Cairon
Caius
Cal
Calais
Calbert
Calcifer
Calder
Caldwell
Cale
Caleb
Caledon
Calem
Calen
Calian
Calil
Calimero
Calin
Calip

Caliph	Canon	Carper
Calix	Cantun	Carrick
Calixte	Canute	Carrington
Calixto	Canuto	Carrizoa
Calixton	Canyon	Carro
Callahan	Caomh	Carroll
Callan	Capistran	Carrow
Callaway	Capper	Carsen
Callen	Cappy	Carsin
Calleo	Captain	Carsten
Callisto	Caractacus	Carston
Callum	Caradoc	Carter
Calogero	Caradog	Carvay
Calum	Carantoc	Carver
Calvary	Carbry	Carwyn
Calvert	Carden	Cary
Calvin	Cardiff	Cas
Calvim	Carey	Casanova
Camdin	Carlib	Case
Camden	Carlin	Casen
Camdyn	Carleton	Casey
Cameron	Carlisle	Cash
Camillo	Carlito	Cashel
Camilo	Carlitos	Cashmere
Campbell	Carlo	Cashton
Camper	Carlos	Casimer
Camren	Carlson	Casimir
Camrin	Carlton	Casimiro
Camron	Carlyle	Cason
Camryn	Carmelo	Caspar
Canan	Carmen	Casper
Candelario	Carmichael	Caspian
Candido	Carmine	Cass
Candon	Carnell	Cassander
Candor	Carney	Cassel
Cane	Carol	Cassian
Cannon	Carolus	Cassidy

Cassiel	Cejay	Chantzelor
Cassini	Celeste	Chap
Cassio	Celestino	Chapin
Cassius	Celio	Chaplin
Casson	Celt	Charanjiv
Castiel	Cenobio	Chariton
Castillon	Cenweard	Charl
Castle	Cephas	Charles
Castor	Cephus	Charleston
Caswyn	Cereal	Charley
Catalin	Cesar	Charlie
Catarino	Cesare	Charlot
Cathal	Cetin	Charlton
Cathan	Ceyhun	Charming
Cato	Cezanne	Charon
Catullus	Cezar	Chase
Caullin	Chace	Chasen
Cavan	Chad	Chaska
Cavell	Chadd	Chaske
Cavin	Chadrick	Chastin
Cayden	Chadwick	Chatham
Caydnn	Chael	Chaucer
Caydran	Chago	Chauncey
Caydren	Chaim	Chava
Cayetano	Chain	Chay
Caylan	Chakaia	Chayo
Cayson	Chamkaur	Chayse
Caz	Champion	Chaysin
Cecil	Chance	Chaytan
Cecilio	Chancellor	Chayton
Cedar	Chancelor	Chaz
Cedric	Chancy	Chazz
Cedrick	Chandler	Che
Ceeley	Channer	Checo
Ceili	Channing	Chellis
Ceiriog	Chano	Chelone
Ceiro	Chanse	Chema

Chencho
Chente
Chepi
Chepo
Cherokee
Chesley
Chesney
Chester
Chet
Chevalier
Chevy
Cheyne
Chicane
Chico
Chilton
Chima
Chip
Chiron
Chivan
Chiwetel
Chord
Chris
Christer
Christiaan
Christian
Christof
Christoffer
Christoph
Christophe
Christopher
Christos
Christyan
Chrysolite
Chubs
Chuck
Chucky
Churchill

Chuuya
Chuy
Ciabhan
Cian
Ciaran
Cicero
Cid
Ciel
Cilix
Cillian
Cimarron
Cinna
Ciprian
Cipriano
Ciriaco
Cirilo
Ciro
Cirocco
Cirroc
Claes
Claiborne
Clair
Claire
Clancy
Clarance
Clare
Claren
Clarence
Clarion
Clark
Clarke
Claud
Claude
Claudie
Claudio
Claudiu
Claudius

Claudy
Claus
Clay
Clayson
Clayten
Clayton
Cleavey
Clell
Clellan
Clem
Clemens
Clement
Clemente
Clemeth
Cleo
Cleofas
Cleon
Cleophas
Clete
Cleto
Cletus
Cleve
Cleveland
Cliff
Clifford
Clifton
Clint
Clinton
Clive
Clovis
Cloyd
Clunie
Clyce
Clyde
Coalfield
Coastal
Cobalt

Cobar
Cobb
Cobee
Coburn
Coby
Coda
Codey
Codie
Codrut
Cody
Coen
Cohen
Coke
Colben
Colbert
Colby
Colden
Cole
Coleman
Coleridge
Coleton
Coley
Colie
Colin
Collier
Collin
Collins
Collison
Colm
Colman
Colorado
Colsen
Colson
Colt
Colten
Colter
Coltin

Colton
Coltrane
Columba
Columbus
Colville
Colwyn
Colyer
Commodore
Conal
Conall
Conan
Conchobar
Coney
Conifer
Conlan
Conley
Connar
Connell
Conner
Connie
Connolly
Connor
Conor
Conrad
Conrado
Conran
Conroy
Constant
Constantijn
Constantin
Constantine
Constantino
Constantinos
Constanzo
Consus
Conway
Coolidge

Cooper
Copernicus
Copland
Copper
Coppola
Corax
Corban
Corbett
Corbin
Corbinian
Corbrae
Corby
Corbyn
Cordell
Corder
Cordovan
Corentin
Corey
Corgan
Coridon
Corin
Corliss
Cormac
Cormack
Cormoran
Corné
Cornelio
Cornelious
Cornelis
Cornelius
Cornell
Corradino
Corrado
Corrin
Corrion
Corsin
Cort

Cortez	Crane	Crue
Cortland	Crash	Cruiz
Cortney	Crawford	Crusoe
Corvin	Cray	Cruz
Corvus	Crayton	Csaba
Corwin	Creasy	Cuan
Cory	Creed	Cuauhtemoc
Corzen	Creedence	Cubby
Cosimo	Creighton	Cuco
Cosmas	Crescencio	Cuin
Cosme	Crescenzo	Cuitlahuac
Cosmin	Cresson	Cullen
Cosmo	Creston	Cullin
Cosmos	Crew	Cupid
Costantino	Crews	Curley
Costel	Crighton	Curran
Coster	Crimson	Currer
Costin	Cris	Currie
Cotter	Crisanto	Currier
Cotton	Crispin	Curt
Coty	Crispino	Curtis
Coulson	Crispus	Curtiss
Coulter	Cristian	Cuthbert
Courage	Cristiano	Cutler
Court	Cristobal	Cutter
Courtland	Cristofer	Cuyle
Courtney	Cristoforo	Cy
Cove	Cristopher	Cyan
Covin	Crockett	Cylar
Covington	Crofton	Cyler
Cowan	Croix	Cymbeline
Cowen	Cromwell	Cynan
Coy	Cronan	Cynric
Coyote	Crosby	Cypher
Crad	Cross	Cypress
Craig	Crosson	Cyprian
Crandall	Crowley	Cyprus

Cyriac
Cyril
Cyrille
Cyrus

D

Daan
Dabney
Dacian
Dade
Daegan
Daelan
Daevon
Dafydd
Dag
Dagan
Dager
Dagon
Dagwood
Dahy
Daichi
Daimon
Dain
Dainen
Daip
Daisley
Daisuke
Dakar
Dakari
Damari
Dakoda
Dakota
Dakotah

Dalan
Dale
Dalee
Dalen
Daley
Daljit
Dallan
Dallas
Dallen
Dallin
Dallon
Dally
Dalton
Daly
Damek
Dalyn
Damani
Damarcus
Damari
Damarion
Dameon
Damian
Damiano
Damien
Damion
Damir
Dammes
Damocles
Damon
Dan
Dana
Danail
Danar
Dandre
Dane
Daneel
Danell

Dangelo
Danger
Danial
Danian
Daniel
Daniele
Danielius
Daniil
Danijel
Danilo
Daniyal
Danner
Dannie
Dannin
Danny
Dante
Danuel
Danyal
Danyl
Danzig
Daoud
Daquan
Dara
Darby
Darcus
Darcy
Dardan
Dare
Darek
Darell
Daren
Dari
Darian
Dariel
Darien
Darin
Dario

Darion	Dave	Deacon
Darius	Daven	Deagan
Darko	Daveth	Dean
Darl	Davey	Deandre
Darnell	Davi	Deane
Darold	Davian	Deangelo
Daron	David	Decarus
Darragh	Davide	Decatur
Darrel	Davin	Decker
Darrell	Davinder	Declan
Darren	Davion	DeCota
Darrian	Davis	Dedric
Darrick	Davison	Dedrick
Darrien	Davit	Dee
Darrin	Davon	Deegan
Darrion	Davonte	Deepak
Darrium	Davor	Deepan
Darrius	Davy	Deion
Darron	Davyd	Deison
Darrow	Dawid	Deja
Darryl	Dawit	Dejan
Darshan	Dawood	Dejuan
Dartagnan	Dawson	Deke
Darvin	Dawud	Dekker
Darwin	Dax	Deklan
Daryl	Daxon	Del
Daryle	Daxton	Delan
Daryus	Daxx	Delancy
Dash	Dayal	Delane
Dashawn	Dayl	Delano
Dashel	Dayle	Delbert
Dashiell	Daylen	Dell
Dastan	Daylon	Delmar
Daud	Daymion	Delmas
Daughtry	Daymon	Delmer
Daunte	Daynan	Delos
Davante	Dayton	Delson

Delton
Delvan
Delvin
Demarco
Demarcus
Demario
Demarion
Demas
Demetre
Demetri
Demetrio
Demetrios
Demetris
Demetrius
Demian
Demitri
Demond
Demonte
Dempsey
Demyan
Denahi
Denali
Denard
Denah
Denham
Denholm
Denim
Denis
Deniz
Dennie
Dennis
Dennison
Denny
Deno
Denton
Denver
Denys

Denzel
Denzil
Denzin
Deon
Deondre
Deondrey
Deonta
Deontae
Deontay
Deonte
Deontez
Dequan
Dereck
Derek
Derenzo
Dereon
Derian
Deric
Derice
Derick
Derik
Dermot
Deron
Derrek
Derrell
Derrick
Derrin
Derry
Derwin
Derwyn
Deshaun
Deshawn
Deshon
Desiderio
Desman
Desmond
Destery

Destiel
Destin
Destrier
Destry
Detlef
Detlev
Detton
Deuce
Dev
Devak
Deval
Devan
Devante
Devaris
Deven
Devereaux
Devershi
Devi
Devin
Devlin
Devon
Devonta
Devontae
Devonte
Devyn
Dewayne
Dewey
Dewitt
Dex
Dexter
Dezmond
Dezső
Dhane
Dhani
Dharjath
Dharmvir
Dhiraj

Dhiren
Dhruv
Diablo
Diamantino
Diamond
Diarmad
Diarmid
Diarmuid
Dick
Dickie
Dickinson
Dickon
Dickron
Didier
Didrik
Diederick
Diederik
Diego
Diello
Dierks
Diesel
Dieter
Dietrich
Dietz
Digby
Diggory
Digory
Dikran
Dilan
Dilbert
Dilip
Dillan
Dillard
Dillinger
Dillion
Dillon
Dima

Dimas
Dimitr
Dimitri
Dimitrios
Dimitris
Dimitry
Dimos
Dinesh
Dinis
Dino
Diogenes
Diogo
Diokles
Dion
Dionicio
Dionisio
Dionte
Dior
Dirk
Disung
Divakar
Dixon
Django
Djimon
Dmitri
Dmitriy
Dmitry
Dmytro
Doak
Dobbin
Dobromir
Doc
Dock
Dodge
Dolan
Dolores
Dolph

Dolphus
Dolvett
Domenic
Domenick
Domenico
Domhnall
Domingo
Dominic
Dominick
Dominik
Dominique
Dominykas
Domitilo
Domonkos
Don
Donagh
Donal
Donald
Donaldo
Donat
Donatello
Donatien
Donato
Donavan
Donavon
Donell
Donley
Donn
Donnan
Donncha
Donnell
Donnie
Donny
Donovan
Donovon
Donta
Dontae

Dontay
Donte
Doodlebop
Doolin
Doon
Doran
Dorian
Doric
Dorin
Doron
Dorsey
Dorwin
Doug
Dougal
Dougie
Douglas
Douglass
Dougray
Dov
Dovydas
Dow
Doyle
Dracen
Drachen
Draco
Draden
Dragan
Drago
Dragomir
Dragon
Dragos
Dragoslav
Draisen
Drake
Draken
Drakon
Draper

Draven
Draycen
Drayden
Drayke
Drayson
Drayton
Drazik
Dreamer
Dreden
Dresden
Drew
Drexel
Dryden
Drystan
Du Toit
Duane
Duard
Duarte
Dublin
Dudley
Duff
Dugan
Duke
Dulé
Dumbledore
Dumer
Dumisani
Dumitru
Duncan
Dunstan
Durante
Durham
Durward
Durwood
Dušan
Dustin
Dusty

Dutch
Dutton
Duwayne
Dwain
Dwaine
Dwane
Dwayne
Dwight
Dwyer
Dyami
Dylan
Dyson

E

Eames
Eamon
Ean
Earendel
Earl
Earle
Earlie
Earvin
Early
Earnest
Eason
Eastman
Easton
Eathan
Eato
Ebb
Eben
Ebenezer
Eberardo

Ebert
Ebrahim
Ed
Edd
Eddie
Eddison
Eddy
Edel
Eden
Edern
Edgar
Edgardo
Edge
Edgerton
Edin
Edison
Edmar
Edme
Edmond
Edmund
Edmundo
Edo
Edoardo
Edric
Edsel
Edson
Eduard
Eduardo
Edur
Edvard
Edvin
Edward
Edwardo
Edwin
Eeli
Eelis
Eemeli

Eemil
Eero
Eetu
Efraim
Efrain
Efren
Efstathios
Egan
Egidio
Egil
Egon
Egypt
Ehlii
Ehren
Ehsan
Ehud
Eian
Eiel
Eiger
Eilam
Eilif
Eillic
Eimhin
Einar
Eino
Eion
Eirik
Eirwyn
Eissa
Eitan
Eivind
Eizzyk
Elad
Eladio
Elam
Elan
Elbert

Elbhen

Eldar
Elden
Elder
Eldon
Eldra
Eldred
Eldridge
Eleazar
Elgan
Elgar
Elgin
Elhanan
Eli
Elia
Eliah
Eliam
Elian
Elias
Eliaz
Eliel
Eliet
Eliezer
Elige
Eligius
Elihu
Elijah
Elio
Eliodoro
Elior
Eliot
Eliott
Elis
Eliseo
Eliseu
Elisha

Eliu	Elzie	Emrys
Eliyahu	Emad	Emyr
Eljas	Emanuel	Enapay
Elkan	Emanuele	Enda
Ellar	Ember	Ender
Ellery	Emeka	Endre
Ellick	Emerett	Endrit
Elling	Emeric	Endymion
Ellington	Emerick	Enea
Elliot	Emeril	Enedin
Elliott	Emerson	Enej
Ellis	Emery	Engelbert
Ellison	Emeryk	Engelberto
Ellsworth	Emet	Enio
Ellwood	Emeterio	Enjolras
Elmer	Emidio	Ennis
Elmo	Emiel	Enoch
Elmore	Emigdio	Enos
Eloi	Emil	Enric
Elop	Emile	Enrico
Eloy	Emilian	Enrique
Elpidio	Emiliano	Ensley
Elric	Emilio	Entriken
Elroy	Emir	Enver
Elson	Emlyn	Enzor
Elton	Emmanouil	Eoghan
Elvan	Emmanuel	Eoin
Elvin	Emmerich	Eolann
Elvis	Emmet	Eomer
Elwin	Emmeton	Eonan
Elwood	Emmett	Ephesian
Elwyn	Emmin	Ephraim
Elwynn	Emmitt	Ephram
Ely	Emory	Ephrem
Elyas	Emre	Ephron
Elysian	Emric	Epic
Elza	Emry	Epifanio

Eppa	Erysichthon	Eugeniusz
Eragon	Eryx	Eulalio
Erasmo	Esai	Eusebio
Erasmus	Esau	Eustace
Erastus	Esben	Eustache
Ercole	Esca	Eustachio
Eren	Escher	Eustaquio
Ergin	Esco	Eustolio
Erhard	Eskil	Evan
Erian	Esli	Evanam
Eric	Esmond	Evander
Erian	Espen	Evandro
Erich	Espiridion	Evangel
Erick	Essex	Evangelos
Erickson	Essio	Evans
Ericson	Estanislao	Evaristo
Erik	Esteban	Evelyn
Erikson	Estel	Everard
Erin	Esten	Everardo
Erion	Estephen	Everd
Erkki	Estes	Everest
Erland	Estevan	Everett
Erlend	Estlin	Everette
Erling	Ethan	Evergreen
Ermine	Ethanael	Everitt
Erminio	Ethaniel	Everson
Ernest	Ethann	Evert
Ernesto	Ethen	Everton
Ernie	Etienne	Evgen
Ernst	Ettore	Evgeni
Eron	Euan	Evin
Eros	Eubank	Evram
Errol	Euclid	Evren
Erskine	Eudes	Evron
Ervin	Euell	Ewald
Erwin	Eugene	Ewan
Eryk	Eugenio	Ewart

Ewell
Ewen
Ewing
Exton
Exzavier
Eyal
Eyan
Ezekiel
Ezell
Ezio

F

Faas
Fabiah
Fabian
Fabien
Fabio
Fabius
Fabricio
Fabrizio
Fadi
Faheem
Fahim
Fahian
Fairchild
Fahin
Faisal
Falco
Falcon
Falk
Fane
Fang
Faolan

Farhan
Farid
Fariji
Faris
Farley
Farol
Faron
Farrell
Farrier
Farrington
Fate
Faulkner
Faunus
Faustino
Fausto
Favien
Fawkes
Fay
Fayette
Fayt
Federico
Fedor
Feivel
Fela
Felice
Feliciano
Feliks
Felipe
Felix
Felton
Femi
Fenix
Fennel
Fennell
Fenris
Fenton
Ferd

Ferdie
Ferdinand
Ferenc
Fergal
Fergus
Ferguson
Fermin
Fernand
Fernando
Fernleigh
Ferran
Ferris
Ferruccio
Feynman
Ffinlo.
Fiacre
Fidel
Field
Fielding
Fife
Figaro
Filemon
Filiberto
Filip
Filipe
Filippo
Filippos
Filius
Fillan
Fillin
Fillmore
Finbar
Finch
Findlay
Fingal
Finian
Finias

Finis
Finlay
Finley
Finlo
Finn
Finnbheara
Finneas
Finnegan
Finnehas
Finnian
Finnick
Finnigan
Finnley
Fintan
Finton
Finvarra
Fionn
Fiore
Fiorello
Firmin
Fisher
Fiske
Fitz
Fitzgerald
Fitzhugh
Fitzpatrick
Fitzwilliam
Fiyero
Flaminio
Flash
Flavio
Flemming
Fletcher
Flint
Florencio
Florentin
Florentino

Florian
Florin
Florizel
Floyd
Flynn
Foivos
Foley
Folsom
Fonzy
Forbes
Ford
Forden
Forest
Forester
Forrest
Forrester
Fortunato
Fosco
Foster
Fotios
Fotis
Fouad
Four
Fox
Foxworth
Foxx
Foy
Foyle
Fran
Frances
Francesco
Francis
Francisco
Franciszek
Franco
Frank
Frankie

Franklin
Franklyn
Franky
Franz
Fraser
Frasier
Frazier
Fred
Freddie
Freddy
Frederic
Frederick
Frederico
Frederik
Fredric
Fredrick
Fredrik
Fredy
Freeman
Freitz
Frey
Friederich
Friedrich
Fritz
Frode
Frodo
Frost
Froylan
Fuad
Fudge
Fulgencio
Fulk
Fulton
Fursey
Fynn

G

Gabe
Gabin
Gabino
Gable
Gabor
Gabrian
Gabriel
Gabriele
Gad
Gadiel
Gael
Gaelan
Gaetano
Gage
Gahan
Gahiji
Gaige
Gail
Gaines
Gaius
Galahad
Gale
Galen
Galil
Galileo
Gallagher
Galvin
Galway
Gamaliel
Ganesh
Gannon
Gara

Garcia
Gardener
Gardner
Garen
Gareth
Garett
Garfield
Garin
Garit
Garland
Garlen
Garner
Garnet
Garnett
Garo
Garold
Garrad
Garren
Garret
Garrett
Garrick
Garrison
Garron
Garrus
Garry
Garson
Garth
Garvey
Garvin
Gary
Gaspar
Gaspard
Gaspare
Gaston
Gatien
Gatsby
Gauge

Gaurav
Gauthier
Gaven
Gavin
Gavino
Gavrel
Gavriel
Gavrila
Gavroche
Gavyn
Gawain
Gayle
Gaylon
Gaylord
Geary
Geert
Gehrig
Geiger
Geir
Gelar
Gellért
Gemini
Genaro
Gene
General
Generoso
Genji
Genn
Gennadi
Gennadius
Gennady
Gennarino
Gennaro
Genoah
Gentry
Geoff
Geoffrey

Geoffroy	Gherman	Gilles
Geordie	Ghislain	Gillespie
Georg	Giacomino	Gilligan
George	Giacomo	Gillis
Georges	Giambattista	Gillon
Georgi	Giampaolo	Gilman
Georgie	Gian	Gilmore
Georgio	Gianandrea	Gilroy
Georgios	Giancarlo	Gino
Geovanni	Giancarlos	Gintaras
Geraint	Gianfranco	Gio
Gerald	Gianluca	Gioacchino
Geraldo	Gianmarco	Gioachino
Gerard	Giannes	Gioele
Gerardo	Gianni	Gionata
Gerens	Giannis	Giora
Gergely	Giano	Giordano
Gerhard	Gianpaolo	Giorgino
Gerhardt	Gianpiero	Giorgio
Germain	Gianrico	Giorgos
Germaine	Giasone	Giosuè
German	Gibb	Giovani
Gerold	Gibbes	Giovanni
Geronimo	Gibby	Giovanny
Gerran	Gibson	Girolamo
Gerrit	Gideon	Giuliano
Gerry	Gifford	Giulio
Gershon	Gijsbert	Giuseppe
Gershwin	Gil	Giustino
Gert	Gilad	Gjergj
Gervase	Gilbert	Gláucio
Gerwyn	Gilberto	Glen
Gery	Gildardo	Glendon
Gethin	Gilderoy	Glenn
Gevorg	Gildo	Glover
Ghassan	Gilead	Glow
Gheorghe	Giles	Glyn

Glynn	Graham	Grimm
Godfrey	Grandin	Grimmwolf
Godric	Granger	Grisham
Goffredo	Granite	Grissom
Golden	Grant	Gritt
Gomez	Grantland	Grover
Gonçalo	Granton	Grozdan
Gonzalo	Granville	Grubbs
Goodluck	Gratian	Gruff
Goodwin	Gratiano	Gryffin
Gopal	Gray	Gryffyn
Goran	Grayden	Gryphon
Gorden	Graydon	Grzegorz
Gordie	Grayley	Guadalupe
Gordon	Graysen	Gualtiero
Gorn	Grayson	Gudmundur
Gösta	Graziano	Gudval
Gotama	Green	Guglielmo
Gotham	Greenberry	Güicho
Gottlieb	Greg	Guido
Gotye	Greger	Guilherme
Gough	Gregg	Guillaume
Govran	Greggory	Guillem
Gower	Gregor	Guillermo
Gracen	Gregorio	Guirec
Graceson	Gregory	Guiseppe
Gracian	Greig	Gulliver
Graciano	Grey	Gunnar
Gracin	Greydon	Gunner
Graden	Greysen	Gunter
Grady	Greyson	Gunther
Grae	Griffin	Gurdial
Graeden	Griffith	Gurgen
Graeme	Grifin	Gurinder
Graer	Grigor	Gurkirt
Graf	Grigorios	Gurlal
Grafton	Grigoris	Gurleen

Gurmeet
Gurmej
Gurpreet
Gursagar
Gurtej
Gurwinder
Gus
Gust
Gustaf
Gustas
Gustav
Gustave
Gustavo
Gusten
Guthix
Guthrie
Guto
Guy
Gwilym
Gwylym
Gábor

Haakon
Habakkuk
Habib
Hackett
Haddon
Haddow
Haden
Hades
Hadi
Hadleigh

Hadrian
Hadrien
Haegan
Hafiz
Hagen
Hager
Hagop
Haiden
Haidyn
Haig
Haile
Hailen
Hakem
Hakim
Hakob
Hakon
Hal
Halbert
Halcyon
Halden
Hale
Haley
Halil
Hallam
Hallden
Hallie
Hallsten
Halsten
Halston
Haman
Hamed
Hames
Hamid
Hamilton
Hamish
Hamlet
Hammond

Hamp
Hampton
Hampus
Hamza
Han
Handy
Hane
Hank
Hanley
Hanlon
Hanner
Hannes
Hannibal
Hannu
Hans
Hansel
Hanson
Haralampos
Harald
Harambe
Harbhajan
Harbor
Harbour
Hardev
Harding
Hardwin
Hardy
Harish
Harith
Harjeet
Harkin
Harkyn
Harlan
Harland
Harlem
Harlen
Harley

Harlow
Harmon
Harold
Haroon
Harpal
Harper
Harpo
Harrell
Harri
Harriman
Harrington
Harris
Harrison
Harry
Harshaan
Hart
Hartley
Hartwin
Haruki
Harun
Haruto
Harutyun
Harvey
Harvinder
Hasan
Haseeb
Hashim
Hasib
Hasin
Haskell
Hassan
Hastings
Hatcher
Havard
Havelock
Haven
Hawk

Hawken
Hawkeye
Hawkins
Hawthorn
Hawthorne
Hayden
Haydn
Haydrian
Hayes
Haygen
Hayk
Haymitch
Haytham
Hayward
Haywood
Hayworth
Hazen
Hearst
Heartley
Heath
Heathcliff
Heaton
Heber
Hector
Heddwyn
Hedley
Heinrich
Heinz
Heitor
Helaman
Helge
Hélio
Helios
Helix
Helmer
Helmold
Helo

Henderson
Hendrik
Hendrikus
Hendrix
Henley
Hennepin
Hennessy
Henning
Henri
Henrijs
Henrik
Henrique
Henry
Henryk
Henson
Herb
Herbert
Hercules
Heriberto
Herman
Hermann
Hermes
Herminio
Hermon
Hernan
Heron
Herschel
Hersh
Hershel
Hervé
Hervey
Heston
Hewitt
Hezekiah
Hezro
Hezron
Hiawatha

Hibai	Hobert	House
Hickory	Hodge	Houston
Hideki	Hodges	Hovhannes
Hideo	Hogan	Hovsep
Hieronomo	Hogarth	Howard
Higinio	Hoke	Howell
Hilaire	Hoku	Howl
Hilario	Holden	Hoyt
Hilary	Holdyn	Hrant
Hilbert	Holger	Hrayr
Hillard	Hollaman	Hrishik
Hillary	Holland	Hristo
Hillel	Hollie	Hrothgar
Hilliard	Hollis	Hryhoriy
Hilo	Holmes	Huba
Hilton	Holston	Hubert
Hinckley	Holt	Huck
Hines	Holton	Huckleberry
Hinto	Homer	Huddy
Hinton	Homero	Hudson
Hipolito	Honor	Huey
Hira	Honorio	Hugh
Hiram	Honorius	Hughes
Hiro	Hook	Hughie
Hiroshi	Hooper	Hugie
Hirsch	Hoover	Hugo
Hirschel	Hopkins	Hugues
Hirsh	Hopper	Huicho
Hisahito	Horace	Huitzilin
Hisham	Horacio	Humbert
Hitoshi	Horatio	Humberto
Hixon	Horst	Hume
Hjalmar	Horton	Humphrey
Hjalte	Hosea	Hunt
Hlynur	Hoseok	Hunter
Hoban	Hosie	Huntington
Hobart	Hosteen	Huntley

Huntly
Huon
Hurbert
Hurley
Hussein
Huston
Hutch
Hutchison
Hutton
Huw
Huxley
Hyde
Hyman

I

Iago
Iain
Iakona
Iakob
Iakovos
Ian
Ianto
Iason
Ib
Ibo
Ibn
Ibraahim
Ibragim
Ibraheem
Ibrahian
Ibrahim
Ibrahima
Ibrahimu

Icabod
Icarus
Ichabod
Ichiro
Idan
Iddo
Iden
Ido
Idris
Ieni
Ieremias
Iestyn
Ieuan
Ifan
Iggy
Ignacio
Ignacy
Ignas
Ignatius
Ignatz
Ignazio
Ignotus
Igor
Ihlas
Ihor
Ihsan
Iisakki
Ikaia
Ikaika
Ike
Ikemefuna
Iker
Ilan
Ilario
Ilarios
Ildefonso
Ilhan

Ilia
Ilian
Ilias
Ilija
Ilir
Iliu
Ilivan
Ilja
Ilya
Ilyas
Imad
Iman
Imanol
Ime
Immanuel
Imran
Imre
Iñaki
Increase
Inderjit
Indiana
Indigo
Indio
Indonesia
Indri
Infinity
Inga-the-swag
Ingo
Ingram
Inigo
Innes
Innocentius
Innocenzo
Innokentiy
Inocencio
Inus
Ioan

Ioannis
Iolaus
Iolo
Ion
Ionas
Ionel
Ionuț
Iordan
Iordanos
Iorwerth
Ioseb
Iosif
Iouis
Ioulianos
Iqbal
Ira
Iraj
Irl
Irrylath
Irvin
Irving
Irwin
Isa
Isaac
Isaak
Isac
Isadore
Isaeah
Isai
Isaia
Isaiah
Isaias
Isaija
Isak
Isambard
Isen
Iser

Ishaan
Isham
Ishmael
Isiah
Isidore
Isidoro
Isidro
Iskender
Isler
Isley
Ismael
Ismail
Isom
Israel
Isreal
Issa
Issac
Issachar
Istvan
Itai
Italino
Italo
Itamar
Ithaca
Ithacian
Itzhak
Iuliu
Ivan
Ivanhoe
Ivanoe
Ivar
Iven
Iver
Ives
Ivey
Ivo
Ivor

Ivory
Ivy
Iwan
Iyler
Izaac
Izaak
Izaiah
Izar
Izaya
Izayah
Izidor
Izik
Izsák
Izzien
Izzy

J

Jaap
Jabari
Jabbar
Jabez
Jabin
Jabril
Jabulani
Jac
Jacca
Jace
Jacek
Jacen
Jachin
Jacint
Jacinth
Jacinto

Jack	Jahir	Jamel
Jackie	Jahzeel	Jameon
Jackson	Jai	James
Jackton	Jaiden	Jamesen
Jacky	Jaidin	Jameson
Jaco	Jaidyn	Jamey
Jacob	Jaime	Jamie
Jacobi	Jair	Jamil
Jacobo	Jairo	Jamin
Jacobson	Jairus	Jamir
Jacobus	Jaison	Jamisen
Jacoby	Jakab	Jamison
Jacopo	Jake	Jammie
Jacques	Jakey	Jamoa
Jad	Jakin	Jamon
Jade	Jakob	Jamys
Jaden	Jakobe	Jan
Jadiel	Jakobi	Jando
Jadin	Jakoby	Jandro
Jadon	Jaksen	Jango
Jadran	Jakub	Janika
Jadyn	Jalal	Janko
Jaece	Jaleel	Janne
Jaeden	Jalen	Jannen
Jaedon	Jalex	Janosch
Jaeger	Jali	Janus
Jafar	Jalil	Janusz
Jafet	Jalon	Janvier
Jagatpreet	Jamaal	Japhet
Jagger	Jamal	Japheth
Jagit	Jamar	Jaquan
Jago	Jamarcus	Jaquez
Jahan	Jamari	Jared
Jahdani	Jamarion	Jarek
Jaheem	Jamarius	Jarell
Jaheim	Jame	Jarem
Jahiem	Jameel	Jaren

Jaret	Jason	Jaydin
Jareth	Jaspan	Jaykob
Jari	Jasper	Jaylan
Jarick	Jaspreet	Jaylen
Jariel	Jassem	Jaylin
Jarin	Jasvir	Jaylon
Jarius	Jaswinder	Jaymar
Jarlath	Jatan	Jayme
Jarle	Jaume	Jaymes
Jarmo	Jaune	Jayse
Jarnail	Javan	Jaysen
Jarno	Javarion	Jaysin
Jarod	Javen	Jayson
Jarom	Javier	Jayston
Jarome	Javion	Jayven
Jaromir	Javon	Jayvid
Jaron	Javonte	Jayvion
Jaroslav	Jawon	Jayvon
Jarosław	Jax	Jaziel
Jarrah	Jaxen	Jazz
Jarred	Jaxin	Jc
Jarrel	Jaxon	Jean
Jarrell	Jaxsen	Jeanus
Jarres	Jaxson	Jeb
Jarret	Jaxton	Jebediah
Jarrett	Jaxxon	Jecey
Jarrod	Jay	Jecht
Jarvis	Jayan	Jed
Jasbir	Jaybin	Jedd
Jascha	Jayce	Jedediah
Jasdeep	Jaycee	Jedi
Jase	Jaycen	Jediah
Jasen	Jayceon	Jedidiah
Jasiah	Jaycob	Jeevan
Jasjit	Jaydan	Jeff
Jaska	Jaydee	Jefferey
Jaskaran	Jayden	Jefferson

Jeffersson
Jeffery
Jeffrey
Jeffry
Jehan
Jehu
Jejomar
Jelani
Jelle
Jem
Jemaine
Jemuel
Jencarlos
Jency
Jenkin
Jenner
Jennex
Jennings
Jens
Jensen
Jenson
Jenton
Jeordie
Jeppe
Jepson
Jerad
Jerah
Jerahmy
Jerald
Jeramiah
Jeramie
Jeramy
Jerard
Jere
Jered
Jerel
Jeremey

Jeremiah
Jeremias
Jeremie
Jeremy
Jeret
Jerguš
Jeriah
Jeribai
Jericho
Jerick
Jermain
Jermaine
Jermel
Jerod
Jerold
Jerome
Jeromy
Jeronimo
Jerram
Jerrell
Jerrett
Jerricho
Jerrin
Jerrison
Jerrod
Jerrold
Jerron
Jerry
Jerzy
Jesaiah
Jesiah
Jeson
Jesper
Jess
Jesse
Jessie
Jessine

Jessup
Jessy
Jeston
Jesus
Jet
Jeter
Jethro
Jetson
Jett
Jevic
Jevon
Jewel
Jewell
Jeyden
Jeydon
Jezek
Jhett
Jibril
Jiei
Jim
Jimi
Jimin
Jimmie
Jimmy
Jin
Jinx
Jionni
Jiraiya
Jiri
Jiro
Joab
Joachim
Joah
Joakim
Joan
Joanin
Joaquim

Joaquin	Jonatan	Joseluis
Joar	Jonathan	Josemaria
Joash	Jonathon	Josep
Job	Jondi	Joseph
Joby	Jones	Josephus
Joc	Jonnie	Joses
Jochem	Jonny	Josey
Jock	Jonty	Josh
Jodie	Joona	Joshua
Jodin	Joonas	Joshuah
Jody	Jooseppi	Joshue
Joe	Joost	Joshy
Joel	Jorah	Josiah
Joey	Joram	Josif
Joffrey	Jöran	Josmer
Johan	Jordain	Josmil
Johanan	Jordan	Joss
Johann	Jorden	Jostein
Johannes	Jordi	Josten
Johdy	Jordin	Josué
John	Jordon	Jotham
John Louie	Jordy	Joules
John-Luke	Jordyn	Jovan
Johnathan	Joren	Jovani
Johnathon	Jorge	Jovanni
Johnie	Jorgen	Jovanny
Johnnie	Jorik	Jovany
Johnny	Joris	Jove
Johnpaul	Jorma	Jovi
Johnson	Jorn	Jovin
Jolyon	Jorvik	Jovis
Jomar	Jory	Jowan
Jomei	Josafat	Joy
Jon	José	Joyce
Jonael	Jose Luis	Jozef
Jonah	Josef	Jozeph
Jonas	Joselito	Joziah

József
Jozy
Juan
Juanpablo
Jubal
Judah
Judas
Judd
Jude
Judea
Judge
Judson
Juelz
Juhana
Juho
Juke
Jules
Julian
Juliano
Juliek
Julien
Julij
Julio
Julius
Juliusz
Juma
Jun
Junaid
Junayd
June
Jungkook
Junichiro
Junior
Junious
Junipero
Junius
Junot

Junpei
Jupiter
Juraj
Jurgen
Jurij
Jussi
Justen
Justice
Justin
Justinas
Justino
Juston
Justus
Juuso
Juvenal
Juvencio

K

Kaapro
Kaare
Kabir
Kace
Kacen
Kacey
Kacper
Kade
Kadeem
Kaden
Kadin
Kadir
Kadison
Kadyn
Kaeb

Kaede
Kaeden
Kaedin
Kael
Kaelan
Kaelen
Kaemon
Kaeo
Kafu
Kagan
Kage
Kahlian
Kagen
Kahlil
Kahlilur
Kahlo
Kahnyr
Kahraman
Kai
Kaidan
Kaiden
Kailan
Kailash
Kailer
Kaimana
Kainalu
Kainan
Kaine
Kainen
Kainoa
Kainona
Kairo
Kaiser
Kaison
Kaito
Kaius
Kaiyan

Kaizen	Kanwal	Kassidy
Kaj	Kanye	Kassim
Kajus	Kapriel	Kasyn
Kal	Karac	Katen
Kalan	Karam	Kato
Kalani	Karamveer	Kauai
Kale	Karan	Kavi
Kaleb	Karas	Kavin
Kalel	Karch	Kavon
Kalen	Karcher	Kawika
Kaleo	Karcsi	Kay
Kalib	Kåre	Kayden
Kalil	Kareem	Kayen
Kalix	Kari	Kayl
Kalle	Karim	Kaylib
Kallen	Karl	Kaylor
Kallum	Karle	Kayne
Kalman	Karlin	Kayode
Kaltag	Karlis	Kaypha
Kalten	Karlos	Kaysa
Kalvin	Karm	Kaysen
Kamal	Karol	Kayson
Kaman	Karolos	Kayvan
Kamari	Karsen	Kayvon
Kamau	Karson	Kazik
Kamden	Karsten	Kazim
Kamen	Karter	Kazimierz
Kameron	Kase	Kazimir
Kamil	Kasen	Kazuhiro
Kamran	Kasey	Kazuki
Kamren	Kash	Kazuo
Kamron	Kashton	Kazz
Kamryn	Kasim	Kdie
Kane	Kason	Keagan
Kanen	Kaspar	Keahu
Kani	Kasper	Keali'i
Kanoa	Kassahun	Kealoha

Kean
Keane
Keanu
Kearney
Keary
Keating
Keaton
Keats
Kedrick
Keduse
Keeandre
Keefe
Keegan
Keelan
Keelen
Keeler
Keen
Keenan
Keene
Keenen
Kegan
Keian
Keifer
Keigan
Keiji
Keiman
Keimoni
Keir
Keiran
Keirnan
Keith
Kekoa
Kelan
Kelby
Keldon
Kelemen
Kell

Kellan
Kellen
Keller
Kelley
Kellin
Kelly
Kellynn
Kelsey
Kelson
Kelton
Kelvin
Kelvyn
Kemen
Kemonte
Kemper
Ken
Kenai
Kenan
Kencil
Kendal
Kendall
Kenderick
Kendon
Kendric
Kendrick
Kendry
Kenelm
Kenesaw
Kenji
Kennan
Kennedy
Kennen
Kennesaw
Kenneth
Kennett
Kenney
Kennison

Kennith
Kenny
Kent
Kentekee
Kenton
Kenver
Kenya
Kenyatta
Kenyon
Kenzo
Keola
Keon
Keone
Keoni
Kepha
Kepler
Kerim
Kermit
Kerr
Kerron
Kerry
Kerwin
Keshaun
Keshav
Keshawn
Keshen
Kesiena
Kessler
Kester
Kestyn
Ketan
Kevan
Kevani
Keven
Kevern
Kévim
Kevin

Kevon
Kevork
Kevy
Key
Keyan
Keynan
Keyon
Keyshawn
Kezian
Kfir
Khai
Khaled
Khalid
Khalif
Khalil
Khamari
Khan
Khristopher
Khushwant
Khyree
Ki
Kian
Kiandre
Kiefer
Kiel
Kielan
Kieran
Kieren
Kierian
Kiernan
Kieron
Kierson
Kiev
Kijana
Kikkan
Kilby
Kile

Kilian
Killian
Kilo
Kilohen
Kilroy
Kim
Kimani
Kimball
Kimberly
Kimi
Kimmel
Kimmo
Kincade
Kincaid
Kinchen
Kindin
Kindred
King
Kingman
Kingsley
Kingston
Kinkade
Kinnon
Kinte
Kinter
Kip
Kipling
Kippur
Kipton
Kiptyn
Kiran
Kirani
Kirby
Kiril
Kirill
Kirk
Kirkland

Kirkwood
Kirosh
Kirt
Kit
Kiyan
Kiyle
Kiyoshi
Kjartan
Kjell
Kjetil
Klark
Klaus
Klein
Kline
Klyve
Knight
Knoah
Knowlton
Knowshon
Knox
Knut
Knute
Koa
Koba
Kobe
Kobi
Kobus
Koby
Koda
Koden
Kodiak
Kody
Koen
Kofi
Kogon
Kohana
Kohei

Kohen	Kota	Kuldip
Kohl	Kouki	Kullen
Koichi	Kowen	Kumail
Kojo	Kowyn	Kumar
Kol	Koya	Kunal
Kolbe	Kraig	Kunta
Kolby	Kramer	Kuri
Kole	Krasimir	Kurt
Kolin	Kreed	Kurtis
Kolohe	Kris	Kushaiah
Kolten	Krisdapor	Kwadwo
Kolton	Krish	Kwame
Kolya	Krishna	Kwamena
Kona	Krishnan	Kwinten
Konner	Krister	Ky
Konnor	Kristian	Kyal
Konrad	Kristinn	Kyan
Konsta	Kristjan	Kyden
Konstantin	Kristóf	Kye
Konstantine	Kristofer	Kyeden
Konstantinos	Kristoff	Kygo
Koray	Kristoffer	Kylan
Korben	Kristofferson	Kyle
Korbin	Kristopher	Kylen
Kord	Krisztián	Kyler
Koren	Krisztofer	Kyllion
Korey	Kruse	Kylo
Korin	Kruz	Kymani
Kornél	Krystian	Kynan
Korosh	Kryštof	Kyo
Kory	Krzyś	Kyon
Kosey	Krzysztof	Kyösti
Kosmas	Ksawery	Kyosuke
Kostandin	Kuba	Kyree
Kostas	Kubo	Kyrie
Kostya	Kubrick	Kyron
Kostyantyn	Kubwa	Kyros

Kyrus
Kyrylo
Kyson
Kálmán

L

Laban
Lachlan
Lacrosse
Lacy
Ladd
Lael
Laden
Ladislav
Lael
Laertes
Laeton
Lafayette
Lafe
Laikon
Laird
Laith
Laithian
Lake
Laken
Laketon
Latif
Lakona
Lalit
Lalo
Lamar
Lamarcus
Lambert

Lamberto
Lambros
Lamel
Lamont
Lanark
Lanatir
Lance
Lancelot
Landan
Landen
Lander
Landin
Landis
Lando
Landon
Landrick
Landrum
Landrus
Landry
Landyn
Lane
Laney
Lanford
Langdon
Langston
Langton
Lanigan
Lann
Lannie
Lanny
Lanrick
Larch
Laredo
Laren
Larken
Larkin
Laron

Larry
Lars
Larson
Lashawn
Lasse
Laszlo
Latham
Lathan
Lathel
Lathen
Lathrop
Latif
Latrell
Laughlin
Laurance
Laurel
Lauren
Laurence
Laurencio
Laurent
Laurentinus
Laurențiu
Laurentius
Lauri
Laurier
Laurin
Laver
Lavern
Laverne
Lavin
Lavonte
Lavoy
Lavrenti
Lavrentios
Law
Lawdon
Lawerence

Lawrance	Leizer	Lester
Lawren	Leland	Leto
Lawrence	Lelio	Lev
Lawson	Lemon	Levar
Lawton	Lemony	Levent
Laydon	Lemuel	Levente
Layne	Len	Leverett
Layton	Lenard	Levi
Lazar	Lencho	Leviathan
Lazare	Lennert	Levin
Lazaro	Lennie	Leviticus
Lazarus	Lennon	Levon
Lazer	Lennox	Lew
Leamon	Lenny	Lewin
Leander	Leo	Lewis
Leandre	Leocadio	Lex
Leandro	Leon	Lexington
Lear	Leonard	Lexon
Leathan	Leonardo	Leyton
LeBron	Leonato	Liam
Lech	Leone	Liav
Ledger	Leonel	Liborio
Lee	Leonhard	Librado
Lee Roy	Leonid	Liel
Leeland	Leonidas	Liev
Leen	Leonides	Light
Leeroy	Leopold	Lightning
Leevi	Leopoldo	Liir
Lefteris	Leotis	Liju
Legend	Leoton	Liko
Legolas	Lerado	Lilian
Leib	Lerone	Lincoln
Leiden	Leroy	Lindel
Leif	Les	Lindell
Leigh	Lesley	Linden
Leighton	Leslie	Lindsay
Leith	Lestat	Lindsey

Link
Linkin
Linley
Linnaeus
Lino
Linsly
Linton
Linus
Linwood
Lion
Lionel
Lior
Lir
Liridon
Liron
Lisandro
Lissandro
Livingston
Liviu
Llewellyn
Llewyn
Lleyton
Lloyd
Llyr
Llywellyn
Lochlan
Lochlyn
Locke
Lockley
Locutus
Loden
Lodewijk
Lodovico
Lofton
Logan
Loïc
Loïck

Loke
Loki
Loman
Lon
Lonán
London
Lonnie
Lonny
Lonzie
Lonzo
Loran
Lorcan
Lorccán
Loren
Lorens
Lorents
Lorenz
Lorenza
Lorenzo
Lorimer
Lorin
Loris
Lorne
Lot
Lothain
Lothair
Loti
Loton
Lou
Louden
Loudon
Louie
Louis
Loukas
Lourenço
Love
Lovell

Lovino
Lowe
Lowell
Lowen
Lowie
Loy
Loyal
Loyd
Luay
Luc
Luca
Lucan
Lucas
Lucca
Lucciano
Lucentio
Lucho
Lucian
Luciano
Lucianus
Lucien
Lucifer
Lucio
Lucious
Lucius
Lucus
Lucy
Ludde
Ludo
Ludovic
Ludovico
Ludvig
Ludwig
Lueis
Lugh
Luigi
Luigino

Luis

Luiz

Luka

Lukas

Luke

Luken

Lukian

Lumen

Luno

Lunsford

Lupe

Lupin

Luther

Lutherum

Lutz

Luuk

Luukas

Luxley

Lyale

Lyall

Lycan

Lydon

Lyle

Lyman

Lyn

Lynden

Lyndon

Lynn

Lynx

Lyon

Lyric

Lysander

M

Mac

Macalister

Macario

Macarius

Macaulay

Maccabee

Maccabi

Mace

Macen

Maceo

Maciej

Maciel

Mack

Mackee

Mackendrick

Mackenzie

Mackie

MacKinnon

Mackland

Macklen

Mackson

Maclain

Maclean

Macleod

Maclin

Maclovio

Macon

Macoy

Macsen

Madden

Maddix

Maddock

Maddox

Maddux

Madieu

Madison

Madoc

Madrigal

Mads

Madsen

Maël

Magee

Magglio

Magic

Magne

Magni

Magnum

Magnus

Maguire

Mahdi

Maher

Mahesh

Mahir

Mahlon

Mahmoud

Mahoney

Maicer

Maik

Maine

Mairtín

Maison

Major

Makai

Makaio

Makal

Makana

Makani

Makepeace

Maker

Makhi	Manning	Marez
Makis	Mannix	Margarito
Makishi	Manny	Mariano
Mako	Manoj	Marijn
Maks	Manolito	Marileen
Maksim	Manolo	Marin
Maksym	Manos	Marino
Maksymilian	Manson	Mario
Malachai	Mansoor	Marion
Malachi	Manu	Marios
Malachy	Manuel	Marius
Malak	Manus	Mark
Malakai	Manute	Markel
Malaki	Manvel	Markell
Malan	Manvir	Markian
Malaquias	Manzi	Markku
Malcolm	Marat	Marko
Malcom	Marc	Markos
Malfoy	Marcaeus	Markus
Mali	Marce	Marland
Malik	Marcel	Marlei
Malloy	Marcelino	Marley
Malo	Marcell	Marlin
Malone	Marcello	Marlo
Malte	Marcellus	Marlon
Mamadou	Marcelo	Marlow
Manasseh	March	Marlowe
Mandeep	Marcial	Marlyn
Mandela	Marciano	Maro
Manfred	Marcin	Maroney
Maninder	Marcio	Marquel
Manish	Marco	Marques
Manjor	Marcos	Marquese
Manjot	Marcus	Marquez
Manley	Mardoqueo	Marquis
Manly	Mardy	Marquise
Mannie	Marek	Mars

Marsden	Mathéo	Maxence
Marshal	Mathew	Maxfield
Marshall	Mathias	Maxie
Marshel	Mathieu	Maxim
Martell	Mathis	Maxime
Marten	Matias	Maximilian
Martí	Mats	Maximiliano
Martim	Matson	Maximilien
Martin	Matt	Maximillian
Martino	Matteo	Maximino
Martinus	Matthan	Maximo
Martirio	Matthew	Maximus
Márton	Matthias	Maxon
Martti	Matthieu	Maxson
Marty	Matthijs	Maxton
Martyn	Mattia	Maxus
Marvel	Mattias	Maxwell
Marvin	Mattox	Maxx
Marvolo	Mattson	Maxxie
Marwood	Matvey	Maynard
Maryn	Mátyás	Mays
Marzio	Matys	Maysam
Masao	Mauer	Mayson
Masen	Maurice	Mayur
Masis	Mauricio	Mazin
Mason	Mauro	Mcarthur
Massimiliano	Maurus	McCauley
Massimo	Maury	McCoy
Massy	Maven	McKay
Matas	Maverek	McKenzie
Máté	Maverick	Mckinley
Mateen	Mavriki	McLeod
Matej	Mawr	Mctair
Mateja	Max	Meade
Mateo	Maxden	Mearl
Mateus	Maxem	Mederic
Mateusz	Maxen	Medgar

Mees
Mehcad
Mehedi
Mehdi
Mehmet
Mehrdad
Meir
Mekhai
Mekhi
Mekos
Mel
Melbourne
Melchior
Melchisedec
Melchor
Meletios
Melker
Melky
Mellan
Melton
Melva
Melville
Melvin
Melvyn
Memphis
Menachem
Menahem
Mendel
Menzies
Merald
Merce
Mercer
Mercury
Mercutio
Meredith
Merik
Merit

Meriwether
Merl
Merle
Merlin
Merlyn
Merrick
Merrill
Merritt
Merton
Mervin
Mervyn
Merwin
Meshach
Messiah
Mesut
Methuselah
Mewelde
Meyer
Mic
Micah
Micaiah
Micajah
Michael
Michaiah
Michail
Michal
Michaline
Michalis
Michał
Micheal
Michel
Michelangelo
Michele
Michial
Michiel
Mick
Mickey

Mieczysław
Mienim
Miervaldis
Mies
Miguel
Mihai
Mihail
Mihailo
Mihalis
Mihály
Mihangel
Mihir
Miiltiathis
Mika
Mikael
Mikah
Mikal
Mike
Mikel
Mikey
Mikhail
Mikhol
Mikkel
Mikko
Miklos
Miko
Mikolaj
Mikołaj
Mikyle
Milam
Milan
Milburn
Mile
Miles
Milford
Milias
Millan

Millard	Modesto	Morley
Miller	Modestus	Moroccan
Milo	Modris	Morocco
Miloh	Moe	Moroni
Milos	Mohamed	Morpheus
Miltiathis	Mohammad	Morrey
Milton	Mohammed	Morrie
Mindwell	Mohan	Morris
Miner	Mohandas	Morrison
Mingus	Mohil	Morrissey
Minik	Mohinder	Morten
Minor	Mohit	Mortimer
Mio	Moise	Morton
Miqayel	Moises	Mose
Miquel	Moishe	Moses
Mircea	Moisis	Moshe
Mirek	Momiji	Moshon
Miro	Monet	Moss
Miroslav	Moni	Mossimo
Mirren	Monolos	Mostafa
Misael	Monroe	Movses
Mischa	Monserrate	Mowgli
Mischka	Montague	Mueez
Misha	Montana	Muhammad
Miso	Montavius	Mukuro
Mission	Monte	Mun Chiu
Mitali	Montgomery	Mungo
Mitch	Monty	Munro
Mitchel	Moody	Murad
Mitchell	Moon	Murat
Mitchum	Moonesar	Murchadh
Mitt	Mordecai	Murdoch
Mitya	Mordechai	Murl
Mix	Mordred	Murphy
Miłosz	Morgan	Murray
Moctezuma	Moriarty	Murry
Modeste	Moritz	Musa

Musashi
Mustafa
Myall
Mychal
Mykelti
Myles

N

Naaman
Nabhith
Nabil
Nabin
Nabor
Nacho
Nadav
Nadev
Nadim
Nadir
Naftali
Nahuel
Nahum
Naib
Nain
Nainoa
Nairn
Nairo
Naite
Najee
Nakia
Nakoa
Nakul
Nalin
Nalle

Nam
Naman
Namid
Namin
Namjon
Namjoon
Namon
Nanoq
Naoise
Naos
Naphtali
Napoleon
Narasimha
Narayan
Narciso
Narek
Narpinder
Narrion
Naruto
Nash
Nashua
Nasir
Nat
Nataani
Natale
Natan
Natanaele
Natanel
Nataniel
Natans
Natas
Nate
Nathan
Nathanael
Nathanial
Nathen
Nathyn

Natividad
Naunihal
Navarone
Navarre
Navarro
Naveen
Navraj
Nayan
Nayden
Naydon
Nazaire
Nazar
Nazareth
Nazario
Ndreu
Neah
Neal
Nectarios
Ned
Nedeljko
Needham
Neeko
Neel
Neely
Neftali
Nehemiah
Nehmia
Neil
Neill
Neilson
Neirin
Nellis
Nello
Nels
Nelson
Nemanja
Nemi

Nemo	Nicodème	Nils
Neo	Nicodemus	Nimkeek
Neon	Nicola	Nimrod
Nephi	Nicolaas	Ninian
Neptune	Nicolae	Nino
Neriah	Nicolai	Niraj
Nerian	Nicolaj	Nishan
Nero	Nicolas	Nisien
Nery	Nicolay	Nissim
Nessim	Nicolo	Nitai
Nestor	Nicomachus	Nitin
Nestore	Nielan	Niven
Netanel	Niels	Nixon
Nevan	Nien	Nizam
Neven	Nigel	Nnamdi
Neville	Night	Noah
Nevin	Niilo	Noak
Newell	Nikaio	Noam
Newland	Niket	Noble
Newman	Nikhil	Noe
Newton	Nikita	Noel
Neymar	Nikko	Nogah
Niall	Niklas	Nohl
Nicabar	Niklaus	Nojus
Nicasio	Niko	Nolan
Nicco	Nikodem	Nolen
Niccolò	Nikodemos	Nollan
Nicholai	Nikola	Nomar
Nicholas	Nikolai	Nondas
Nicholaus	Nikolaj	Nooa
Nicholson	Nikolaos	Norayr
Nick	Nikolas	Norbert
Nicklas	Nikolasz	Norberto
Nicklaus	Nikolaus	Nori
Nickolas	Nikos	Norio
Nicky	Niles	Norman
Nico	Nilo	Normand

Norris	Oceanus	Ole
North	Ocelotl	Oleander
Northrop	Ochuko	Oleg
Norton	Ocie	Oleksandr
Norval	Octave	Olen
Norwood	Octavian	Olev
Nottingham	Octavien	Olin
Nouriel	Octavio	Olivander
Nova	Octavius	Oliver
Novak	Oda	Olivier
Nuru	Odala	Oliviero
Nurul	Odd	Oliwer
Nuvan	Ode	Oliwier
	Odell	Olle
	Odern	Ollen
O	Odie	Ollie
	Odilio	Ollin
	Odin	Ollivander
	Odion	Olliver
O'Brian	Odis	Olly
O'Brien	Odo	Olmo
O'Casey	Odran	Olson
O'Connor	Odubel	Olu
O'Neill	Ofydd	Omar
O'Rourke	Ogden	Omari
Oak	Ohana	Omarion
Oakland	Ohitika	Omega
Oakley	Oisin	Omer
Obadias	Okey	Omid
Obadiah	Ola	Omiros
Obama	Olaf	Omni
Oban	Ólafur	Omri
Obed	Olajuwan	Ondrej
Oberon	Olan	Oneal
Oberyn	Olav	Onkar
Obie	Olavi	Onni
Ocean	Olbracht	Onochie

Ontario	Orrin	Otha
Onyx	Orry	Othello
Opie	Orsino	Othmar
Optimus	Orson	Otho
Opus	Ortona	Othon
Ora	Orval	Otis
Oral	Orvel	Otso
Oran	Orvil	Ottavio
Orange	Orville	Otten
Orangelo	Orvin	Ottis
Orazio	Orvon	Otto
Orel	Orwell	Oukouaka
Oren	Osama	Ovadia
Orest	Osbaldo	Ove
Oreste	Osborne	Ovid
Orestes	Osca	Ovidio
Orestis	Oscar	Ovidiu
Orev	Oscon	Owain
Orfeo	Osian	Owais
Orhan	Osias	Owen
Ori	Osiris	Oxford
Orie	Oskar	Oz
Oriel	Oskari	Ozias
Orien	Oslo	Ozuru
Orin	Osman	Ozzie
Oriol	Osmar	
Orion	Osmel	
Oris	Osmo	
Orla	Osric	**P**
Orland	Ossian	
Orlando	Ossie	
Orley	Osten	Paavo
Orlin	Osvaldo	Pablo
Orlo	Oswald	Pace
Orpheus	Oswaldo	Pacen
Orren	Oswyn	Pacey
Orrie	Otey	Packer

Paco	Pascal	Pearce
Padarn	Pasco	Pearl
Padma	Pascoe	Pearson
Padraig	Pascual	Peder
Padrig	Pasha	Pedro
Paikea	Pasquale	Peer
Paisley	Pat	Peerless
Pal	Patch	Peeta
Paladin	Patrice	Peetu
Palden	Patricio	Pek
Pall	Patrick	Peleg
Palmer	Patrik	Pelham
Pancho	Patrizio	Pelle
Panfilo	Patryk	Pellegrino
Pankaj	Patsy	Peniel
Panos	Patten	Penley
Paol	Patterson	Penn
Paolo	Patton	Pennington
Paora	Pau	Penry
Parella	Paul	Pepe
Paresh	Paulino	Pepito
Parindra	Paulo	Per
Paris	Pauly	Percival
Park	Pavel	Percy
Parka	Pavlos	Peregrine
Parker	Pavol	Perez
Parkin	Pawandeep	Pericles
Parks	Paweł	Perico
Parkus	Pax	Perin
Parminder	Paxtin	Perley
Parris	Paxton	Pernell
Parrish	Payne	Perrin
Parry	Paynter	Perry
Parson	Payson	Perseus
Partab	Payton	Pershing
Parth	Paz	Pervis
Parwinder	Peak	Petar

Pete
Peter
peterson
Petr
Petrica
Petroc
Petros
Petrus
Petter
Peyton
Phaedonas
Phaedron
Phaethon
Phaeton
Pharaoh
Pharrell
Pharris
Phelan
Phibes
Phil
Phileas
Philemon
Philip
Philipp
Philippe
Philippos
Phillip
Phillipe
Phillips
Philo
Philomen
Philon
Phinean
Phineas
Phoenix
Phong
Pi

Pierce
Piercy
Pierluigi
Piero
Pierre
Piers
Pierson
Piet
Pietari
Pieter
Pietro
Pike
Pilot
Pinchas
Pinchus
Pink
Pio
Piotr
Pip
Piper
Pippin
Piran
Pirate
Pisa
Pius
Pj
Placid
Placido
Plamen
Platon
Pleasant
Plutarco
Pluto
Poe
Poindexter
Policarpo
Polk

Pollux
Polo
Pompeo
Poncho
Ponciano
Pontus
Porfirio
Porter
Poseidon
Potter
Povel
Powell
Powers
Prabhgun
Prabhjot
Pradeep
Pranav
Pratham
Pratik
Praxedes
Prem
Prentice
Prentiss
Prescott
Presley
Press
Preston
Priam
Price
Priest
Primitivo
Primo
Primus
Prince
Princeton
Pritpal
Proctor

Profit
Proinsias
Prometheus
Promise
Prosper
Prospero
Prudencio
Pryor
Purvis
Pyramid

Q

Qadar
Qadim
Qadir
Qasim
Qazir
Quade
Quaid
Quannah
Quentin
Quenton
Quest
Quigley
Quil
Quill
Quillan
Quillen
Quin
Quince
Quincey
Quinlan
Quinn

Quint
Quinten
Quintin
Quinto
Quinton
Quintus
Quique
Quirin
Quirino
Quirt
Quito

R

Raanan
Rabi
Rabin
Rabbi
Rabby
Rabbia
Race
Radames
Radek
Radhak
Radley
Radnor
Radoslaw
Rae
Raeburn
Raed
Raeden
Raekwon
Rael
Raelan

Rafael
Rafal
Rafayel
Rafe
Rafer
Raffaello
Raffee
Rafferty
Raffi
Raghnall
Ragnar
Rahat
Raheem
Rahm
Rahn
Rahsaan
Rahul
Rahyl
Raiden
Raidyn
Raife
Raihan
Raijin
Raimo
Raimondo
Raine
Rainen
Rainer
Rainier
Raiyan
Raj
Rajan
Rajat
Rajjat
Rajeev
Rajendra
Rajesh

Rajib	Raniel	Raynard
Rajiv	Ranjit	Rayner
Rajko	Ranvir	Raynor
Rajon	Rannoch	Rayshawn
Raju	Ransom	Rayton
Rakeem	Ranulph	Rayyan
Rakesh	Raoul	Raz
Raleigh	Raphael	Raziel
Ralf	Rasel	Razmig
Ralph	Rashad	Razmik
Ram	Rashard	Re'shawn
Rameen	Rashawn	Reagan
Rambo	Rasheed	Reality
Rameses	Rashid	Rearden
Ramesh	Rasil	Reason
Rami	Rasmus	Redford
Ramin	Raul	Redmond
Ramiro	Raulo	Redmund
Ramiz	Raven	Reece
Ramon	Ravenor	Reed
Ramone	Ravi	Reef
Ramsay	Rawden	Reel
Ramses	Rawdon	Rees
Ramsey	Rawlison	Reese
Ramy	Raxton	Reeve
Ramzi	Ray	Refugio
Rance	Rayan	Regan
Rand	Rayburn	Reggie
Randal	Rayce	Reginal
Randin	Rayden	Reginald
Randle	Rayford	Regis
Randolf	Raylan	Regulus
Randolph	Raylon	Rehan
Randy	Raymie	Rei
Rane	Raymon	Reid
Ranen	Raymond	Reidar
Ranger	Raymundo	Reife

Reign	Reuel	Rian
Reilan	Reunan	Riatt
Reilly	Reuven	Ricardo
Reimundo	Revan	Ricary
Rein	Revere	Riccardo
Reinaldo	Reverence	Rice
Reince	Rex	Rich
Reiner	Rexford	Richard
Reinhard	Rey	Richie
Reinhold	Rey'el	Richmond
Reino	Reydan	Rick
Reis	Reyden	Rickard
Rekker	Reyen	Rickey
Reko	Reyes	Ricki
Rembrandt	Reymundo	Rickie
Rémi	Reynaldo	Rickon
Remigio	Reynard	Ricky
Remo	Reyner	Rico
Remus	Reynold	Rider
Ren	Reza	Ridge
Renaldo	Rhaegar	Ridgley
Renard	Rheal	Ridha
Renat	Rhen	Ridley
Renato	Rhett	Ridwan
Renatus	Rhidian	Rieden
Rence	Rhoades	Rigby
Rene	Rhodes	Rigel
Renn	Rhodri	Riggan
Renner	Rhone	Riggin
Rennick	Rhordan	Rigoberto
Rennon	Rhydian	Rikárdó
Reno	Rhyland	Riker
Renton	Rhymer	Rikin
Renzo	Rhys	Riku
Resolved	Rhysand	Riley
Reston	Riaan	Rilian
Reuben	Riad	Ringo

Rinnix	Robley	Rogue
Rinzen	Robrecht	Rohan
Rio	Robson	Rohen
Riordan	Roby	Rohin
Riorden	Rocco	Rohit
Riot	Roch	Rohn
Ripkin	Rochen	Roick
Ripley	Rochlan	Roland
Rishabh	Rochus	Rolando
Rishi	Rock	Rolf
Rishley	Rockefeller	Rolla
Risto	Rocker	Rolland
Ritchie	Rockne	Rollie
Rito	Rocko	Rollin
Ritter	Rockwell	Rollo
Rivaille	Rocky	Rolph
River	Rod	Roly
Rivers	Roddy	Romain
Riwin	Rodel	Roman
Rixley	Roderick	Romano
Roald	Rodger	Romare
Roan	Rodion	Rome
Roane	Rodman	Romelo
Roar	Rodney	Romeo
Roark	Rodolfo	Romilly
Roarke	Rodolphus	Romualdo
Rob	Rodrick	Rómulo
Robb	Rodrigo	Romulus
Robbe	Roe	Ron
Robbie	Roee	Ronald
Robby	Roel	Ronaldo
Robert	Roey	Ronan
Roberto	Rogan	Ronav
Roberts	Rogelio	Ronen
Robertson	Roger	Ronil
Robin	Rogerio	Ronin
Robinson	Rogers	Ronnie

Ronny
Rook
Roope
Roosevelt
Roozbeh
Roper
Roque
Roreto
Rorik
Rorimac
Rory
Rosaire
Rosalio
Rosan
Rosario
Roscoe
Rosendo
Rosevelt
Rosh
Roshan
Roshon
Ross
Rossano
Rostam
Rostislav
Roswell
Roth
Rourke
Rouvon
Roux
Rowan
Rowdy
Rowen
Rowland
Rowley
Roxas
Roxby

Roy
Royal
Royce
Royston
Ruairí
Ruairi
Ruaridh
Rubem
Ruben
Rubin
Rudiger
Rudolf
Rudolfo
Rudolph
Rudy
Rudyard
Rueben
Ruel
Ruff
Ruffin
Rufino
Rufus
Ruger
Ruggiero
Rui
Rumen
Rumi
Rumon
Rune
Rupert
Ruperto
Ruprecht
Rush
Rushabh
Rushan
Rushil
Rusik

Ruslan
Russ
Russel
Russell
Rusty
Rutger
Rutherford
Ruxin
Ryan
Ryatt
Ryden
Ryder
Rye
Ryker
Rylan
Rylen
Ryne

S

Saad
Saava
Sabas
Sabastian
Sabbath
Sabelo
Saber
Sabien
Sabin
Sabino
Sacha
Sachiel
Sachin
Sachio

Sadaat
Saddam
Sadiri
Sadler
Sagan
Sagar
Sage
Sahak
Sai
Said
Sailor
Saimir
Saint
Sajiv
Sajiva
Sakai
Sakari
Saku
Sal
Saladin
Salahuddin
Salam
Salazar
Saleem
Salem
Salim
Salinger
Salman
Salomon
Salomone
Salvador
Sam
Sama
Samarth
Sameeh
Sami
Samir

Sammie
Sammuel
Sammy
Samoset
Sampo
Sampson
Samson
Samu
Samuel
Samuele
Samuli
Samus
Samvel
Samwise
Sancho
Sandeep
Sander
Sanders
Sanderson
Sandar
Sandro
Sandy
Sanford
Sani
Sanim
Sanjay
Sanjeev
Sanjeewa
Sanjiv
Sansao
Sansone
Santana
Santhosh
Santiago
Santino
Santo
Santonio

Santos
Sarantis
Sarat
Sarell
Sargent
Sargis
Sargon
Sarkis
Sarp
Sascha
Sasha
Sasuke
Satchel
Sathish
Satia
Satin
Saturnino
Satwant
Saul
Saulo
Saurabh
Sava
Saviero
Savio
Savion
Savit
Savvas
Sawyer
Saxby
Saxon
Saxton
Sayer
Sayers
Saylor
Scevola
Schroder
Schroeder

Schuler	Senan	Shae
Schuyler	Seneca	Shafer
Schylar	Seoras	Shai
Scipio	Seph	Shaikh
Scooter	Sephiroth	Shakespeare
Scorpius	Sepp	Shalev
Scot	Septimus	Shalom
Scott	Seraph	Shamar
Scottie	Seraphim	Shamus
Scotty	Serge	Shandy
Scout	Sergei	Shane
Scully	Sergio	Shannon
Seabern	Serhat	Shanon
Seager	Serri Rafael	Shantanu
Seamus	Serry Rafael	Shaquille
Sean	Servando	Sharif
Seanan	Seryozha	Sharnovon
Seanix	Seth	Shasta
Seath	Seton	Shauftan
Seathrún	Seu	Shaughnessy
Seattle	Sevastyan	Shaun
Seaver	Seven	Shauni
Seb	Severiano	Shaw
Seder	Severin	Shawinook
Sedrick	Severn	Shawn
Seeger	Severo	Shay
Seeley	Severus	Shaydon
Seger	Sevin	Shayne
Seiji	Seymarion	Shea
Selassie	Seymour	Shedrick
Selby	Shad	Shelby
Selim	Shade	Sheldon
Selmer	Shaden	Shelton
Selwyn	Shadi	Shem
Sem	Shadley	Shemar
Semaj	Shadow	Shep
Semih	Shadrach	Shepard

Shephard	Siarl	Simpson
Shepherd	Siarles	Sinan
Shepley	Siavash	Sinbad
Sheppard	Sid	Sincere
Sheraga	Siddarth	Sinclair
Sheridan	Siddharth	Sindre
Sherlock	Sidney	Sindri
Sherman	Siegfried	Sinhue
Sherrill	Sierre	Sinjin
Sherwin	Siger	Sinqua
Sherwood	Sigge	Sione
Shia	Sigismund	Sipho
Shiloh	Sigmund	Sire
Shimon	Sigurd	Sirius
Shimshon	Sigurdur	Sisamila
Shinon	Silas	Sitka
Shipley	Siler	Sivan
Shirley	Sillan	Sivert
Shiva	Silvan	Sixten
Shivam	Silvano	Skandar
Shlomo	Silvanus	Skate
Shmuel	Silven	Skia
Shohta	Silver	Skip
Shola	Silverio	Skipper
Sholom	Silvestre	Sky
Sholto	Silviano	Skye
Shomari	Silvio	Skylar
Shon	Sim	Skyler
Showles	Simão	Slade
Shrek	Simba	Slaid
Shrikant	Simbiah	Slane
Shulem	Simcha	Slate
Shye	Simen	Slater
Shyloh	Simeon	Slavko
Shylon	Simo	Slayden
Si	Simon	Slayton
Sian	Simone	Sloan

Slobodan
Sly
Smarth
Smith
Smokey
Snowden
Snyder
Socrates
Soeren
Sofiane
Sofien
Sogoro
Sohan
Sojan
Sojol
Sohrab
Sol
Solace
Solan
Soleil
Soloman
Solomon
Solon
Somerled
Somerset
Sondre
Sonnen
Sonny
Sophian
Sora
Soren
Sorin
Sorley
Sorrell
Sotiris
Soumil
Souta

Spade
Spalding
Sparrow
Spartacus
Spearman
Spellman
Spence
Spencer
Spenser
Spike
Spiro
Spiros
Springer
Spurgeon
Spurrier
Spyridon
Squandro
Squire
St. John
Stacey
Stacy
Stafford
Stahley
Stamm
Stan
Stanford
Stanimir
Stanislas
Stanislaus
Stanislav
Stanislaw
Stanley
Stannis
Stanton
Star
Stark
Starlin

Starsky
Staton
Stavrianos
Stavros
Steele
Stefan
Stefano
Stefanos
Stefen
Steffan
Stein
Steinar
Stejonte
Stelios
Stellan
Sten
Steno
Stephan
Stephanos
Stephen
Stephon
Sterling
Stetson
Stevan
Steve
Steven
Stevenson
Stevie
Stevieray
Stewart
Stian
Stieg
Stig
Stijn
Stiles
Stohn
Stojan

Stokely
Stone
Stoney
Storm
Stormalong
Strand
Stratton
Strauss
Street
Strider
Striker
Stringer
Strom
Struan
Stryker
Stuart
Sturt
Sudhir
Sufjan
Sufyan
Suga
Suhail
Sukhdeep
Sukhvinder
Sukhwinder
Sukrajan
Sulaiman
Sulien
Sullivan
Sully
Sulo
Sultan
Suman
Sumit
Summit
Sumner
Sun

Sundara
Sunil
Sunjit
Sunny
Suraj
Sutter
Sutton
Suvo
Suzaku
Svein
Sveinn
Sven
Sverre
Swain
Swaine
Sweeney
Swinton
Sy
Sydney
Syed
Sykes
Sylar
Sylas
Sylvain
Syrus

T

Tab
Tabari
Tabah
Taber
Tabor
Tacitus

Tacoma
Tad
Tadashi
Taddeo
Tadeo
Tadeusz
Tadhg
Tadj
Tadzio
Taegan
Taehyung
Taelyn
Taemon
Tafadzwa
Tafari
Taft
Tag
Taggart
Taggert
Taha
Tahj
Tahmoh
Taiden
Taig
Taiga
Taighan
Taiki
Taine
Taio
Tait
Taiten
Taivan
Taiyo
Taj
Takahiro
Takashi
Takeo

Taki	Tannis	Taurus
Takis	Tanrıkut	Tavares
Takoda	Tao	Taven
Takvor	Tapinder	Tavian
Tal	Tapio	Tavin
Tala	Tarald	Tavion
Talan	Taran	Tavis
Talbot	Taras	Tavish
Talen	Tarek	Tavon
Talford	Tarez	Tavvi
Talfryn	Tarian	Tawera
Taliesin	Tarick	Tayden
Tallak	Tariq	Taye
Tallen	Tariqul	Taylan
Talley	Tarkan	Taylen
Talon	Tarkin	Tayler
Talus	Tarlochen	Taylin
Tam	Tarlock	Taylon
Tamaki	Tarquin	Taylor
Tamais	Tarrant	Tayne
Tamer	Tarso	Tayo
Tamerlan	Tarsus	Tayshaun
Tamerlane	Tarun	Taysom
Tamino	Tarus	Tayson
Tamir	Tarver	Tayte
Tammis	Tarvo	Tayton
Tanav	Tarzan	Taz
Tancredi	Tasher	Tazz
Tanek	Tasker	Teagan
Taneli	Tasman	Teaghan
Tangelo	Tassilo	Teague
Taniel	Tatanka	Teal
Tanish	Tate	Teale
Tanix	Tatum	Teancum
Tankred	Taul	Tecumseh
Tannen	Taurean	Ted
Tanner	Tauren	Teddie

207

Teddy	Terry	Themistocles
Tedric	Terzo	Theo
Teegan	Tesher	Theobald
Teemu	Teslam	Theobold
Teilo	Teunis	Theoden
Telesforo	Tevel	Theodor
Télesphore	Tevin	Theodore
Telesphoros	Tex	Theodoric
Telford	Texas	Theodosius
Tellef	Teyo	Theon
Teller	Th'layli	Theophanes
Telly	Thabo	Theophile
Temi	Thackery	Theophilius
Templeton	Thad	Theophilus
Tennessee	Thaddeus	Theophrastus
Tennyson	Thain	Theosiphus
Tenzin	Thairgo	Theron
Teo	Thalen	Thersander
Teobaldo	Thames	Theryn
Teodocio	Thanasi	Theseus
Teodomiro	Thanasis	Thiago
Teodor	Thanatos	Thibaut
Teodoro	Thance	Thien
Teodosio	Thane	Thierri
Teodulo	Thang	Thierry
Teofil	Thaniel	Thijs
Teofilo	Thanos	Thomas
Teren	Thao	Thompson
Terence	Tharold	Thomsen
Terenzio	Thatcher	Thor
Terje	Thayer	Thorben
Terran	Theadore	Thordell
Terrance	Theike	Thoreau
Terrell	Thelo	Thorfinn
Terrelle	Thelonious	Thorin
Terrence	Thelonius	Thorn
Terrill	Thelxiope	Thorne

Thornton
Thorstein
Thorsten
Thorvald
Thrace
Thulani
Thurgo
Thurgood
Thurman
Thurston
Ti
Tiaan
Tiago
Tiberias
Tiberiu
Tiberius
Tibet
Tibor
Tiburcio
Tico
Tide
Tidus
Tierce
Tiernan
Tife
Tiger
Tigh
Tighe
Tigran
Tilden
Till
Tillman
Tillo
Tilus
Tim
Timaeus
Timber

Timicin
Timmie
Timmothy
Timmy
Timo
Timoteo
Timotheus
Timothy
Timur
Tin
Tinashe
Tino
Tinsley
Tip
Tippett
Tipton
Titan
Tito
Titus
Tivadar
Tizian
Tiziano
Tizoc
Toben
Tobey
Tobiah
Tobias
Tobin
Tobit
Toby
Tobyn
Tod
Todd
Todor
Toivo
Tokunbo
Tola

Tolek
Tollak
Tolliver
Tolomeo
Tom
Tomache
Tomas
Tomer
Tomias
Tomiche
Tomlin
Tommaso
Tommie
Tommy
Tomokazu
Tomos
Tonatiuh
Toney
Tonino
Tonka
Tono
Tony
Toph
Topher
Topias
Tor
Toran
Torben
Tord
Tore
Toren
Torey
Torez
Toribio
Torin
Torjus
Tormund

Torquil	Travert	Tristan
Torrance	Travis	Tristen
Torrence	Travon	Tristian
Torres	Trayce	Tristin
Torrey	Trayger	Triston
Torrii	Trayton	Tristram
Torry	Trayvon	Triton
Torsten	Tre	Troah
Torvald	Tredon	Tron
Tory	Trek	Trond
Toryn	Tremere	Trotter
Tosh	Trent	Troy
Toshi	Trenten	Troyce
Toshio	Trenton	Troye
Toulouse	Treston	Truan
Toumani	Treven	Truen
Toussaint	Trever	Truett
Tove	Trevik	Truitt
Townes	Trevin	Truman
Townsend	Trevion	Truth
Toy	Trevon	Trygve
Trace	Trevor	Trym
Tracey	Trevyn	Trystan
Track	Trey	Tuan
Tracy	Treyce	Tuck
Tradon	Treyden	Tucker
Trae	Treysen	Tudor
Traece	Treyson	Tullis
Traeden	Treyton	Tullius
Traian	Treyvon	Tulsi
Traice	Trig	Tumbaghai
Trais	Trigger	Tuncay
Traisson	Trinian	Tuomas
Traiton	Trinidad	Ture
Trajan	Trinity	Turi
Tranquilino	Tripp	Turner
Traver	Trippton	Turpin

Tuscan
Tuur
Twain
Ty
Ty-Nassir
Tybalt
Tyce
Tychicus
Tycho
Tychon
Tye
Tygan
Tyger
Tyko
Tylen
Tyler
Tyler.
Tylon
Tylor
Tyme
Tymon
Tymoteusz
Tynan
Tyner
Tyquan
Tyr
Tyree
Tyreek
Tyreese
Tyrel
Tyrell
Tyrese
Tyrian
Tyric
Tyrion
Tyriq
Tyrion

Tyrus
Tyson
Tzvi

U

Udo
Udoka
Ugo
Uhuru
Uilleam
Uisne
Ulf
Ulises
Ulrich
Ulrik
Ultan
Ulysses
Umar
Umberto
Umut
Unai
Upton
Urban
Urbano
Urelio
Urho
Uri
Uriah
Urias
Uriel
Uriele
Urijah
Uriyah

Usain
Usher
Usko
Usman
Utah
Uther
Uvaldo
Uzi
Uzzi
Uziah
Uzziah

V

Vadden
Vadim
Vagn
Vahan
Vaisa
Val
Vale
Valen
Valens
Valente
Valentim
Valentin
Valentine
Valentino
Valerian
Valerio
Valerius
Valiar
Valin
Valon

Valor	Vegard	Vidyut
Valter	Vegas	Viggo
Valtteri	Veit	Vihaan
Van	Venn	Vijay
Vance	Ventura	Vikas
Vanden	Venustiano	Viking
Vander	Verdell	Vikram
Vanek	Verdi	Viktor
Vanhi	Vere	Vilen
Vansen	Vergil	Vilhelm
Vanya	Verl	Vilho
Vardan	Verle	Viljami
Vardinon	Verlin	Viljo
Vardis	Vern	Vilko
Varian	Vernal	Vill
Varick	Vernay	Ville
Varren	Verne	Villian
Varro	Vernell	Vin
Varun	Verner	Vinay
Vasanta	Vernie	Vince
Vasche	Vernon	Vincenc
Vasco	Vernor	Vincent
Vasek	Versilius	Vincenzo
Vash	Vertumnus	Vinchenzo
Vasil	Veselin	Vine
Vasile	Veselko	Vinh
Vasili	Vester	Vinicio
Vasilios	Vetle	Vinnie
Vasilis	Vexen	Vinny
Vasily	Vian	Vinson
Vaslav	Vicente	Vinton
Vassilis	Vickery	Vinze
Vassily	Victor	Virgil
Vasyl	Victoriano	Virgilio
Vaughan	Victorino	Virgle
Vaughn	Vidal	Vishal
Veeti	Vidar	Vitaly

Vito
Vitor
Vitorino
Vittore
Vittorio
Vitus
Vivek
Vivian
Viviano
Viyan
Vladilen
Vladimir
Vladislav
Vlaho
Vlasios
Vlastimir
Vogel
Vojtech
Voldemort
Volker
Volney
Von
Voss
Vrai
Václav

W

Wade
Wagner
Wahed
Wahid
Waino
Waite
Wake

Waker
Waldemar
Walden
Waldo
Waleed
Walenty
Walid
Walker
Wallace
Wally
Walsh
Walt
Walter
Walther
Walton
Ward
Wardell
Warden
Ware
Warner
Warren
Warrick
Wasif
Wasim
Wassily
Wasyl
Watkins
Watson
Watt
Waverly
Wavie
Wayde
Wayland
Waylon
Waymon
Wayne
Waziri

Weaver
Webb
Webster
Weiquan
Weldon
Wellington
Wells
Welton
Wendell
Wentworth
Wenzel
Werner
Wernher
Wes
Weslan
Weslee
Wesley
Wesson
West
Westin
Westley
Weston
Weylin
Whakaio
Wheeler
Wheelock
Whelan
Whidbey
Whistler
Whitaker
Whitfield
Whitman
Whitney
Whittaker
Whyatt
Widopson
Wieland

Wiktor
Wilber
Wilberforce
Wilbert
Wilbur
Wilburn
Wild
Wilde
Wilder
Wiley
Wilford
Wilfred
Wilfredo
Wilfrid
Wilhelm
Wilkes
Will
Willam
Willard
Willem
William
Williams
Willie
Willis
Willison
Willoughby
Wills
Willum
Willy
Wilmer
Wilmot
Wilson
Wilton
Wim
Win
Wincenty
Windell

Windradyne
Windsor
Winfield
Winford
Winfred
Winslow
Winsor
Winston
Winter
Winthrop
Winton
Wisdom
Witold
Witt
Wladimir
Wmffre
Wohali
Wojciech
Wole
Wolf
Wolfe
Wolfgang
Wolfie
Wolfram
Wolodymyr
Wondimu
Wood
Woodrow
Woodson
Woody
Woolsey
Worth
Wout
Wren
Wrenn
Wright
Wyatt

Wyeth
Wyitt
Wyland
Wylie
Wyman
Wyn
Wynden
Wyndham
Wynton

X

Xan
Xano
Xadrian
Xander
Xane
Xanthus
Xaver
Xavi
Xavier
Xavior
Xayden
Xenon
Xenophon
Xenos
Xoan
Xyan
Xyler
Xzavier

Y

Yada
Yadon
Yael
Yahir
Yahya
Yair
Yaisir
Yaison
Yakir
Yakov
Yakup
Yale
Yancy
Yandel
Yandiel
Yanis
Yann
Yanni
Yannick
Yannig
Yannis
Yaphet
Yaqub
Yarden
Yared
Yariel
Yarrow
Yash
Yasser
Yatika
Yavor
Yazan

Ybarra
Yeats
Yechiel
Yefet
Yehuda
Yehudah
Yered
Yericho
Yervant
Yeshua
Yestin
Yidel
Yinshií
Yisrael
Yisroel
Yitzhak
Ylenio
Ymir
Yngwie
Ynyr
Yoav
Yoel
Yohan
Yona
Yonah
Yonatan
Yoni
Yorick
York
Yoruba
Yosef
Yoshio
Yossel
Yosuke
Youking
Young
Yousef

Yovan
Yovanni
Ysidro
Yudel
Yuji
Yul
Yule
Yuli
Yulian
Yunus
Yurek
Yurem
Yuri
Yuriel
Yuriy
Yusef
Yusuf
Yves
Ywain

Z

Zabe
Zabbar
Zabin
Zac
Zacary
Zach
Zachariah
Zacharias
Zacharie
Zachary
Zachery
Zack

Zackary	Zarko	Zelek
Zackery	Zarley	Zelig
Zade	Zavian	Zeljko
Zaden	Zavien	Zen
Zadock	Zavier	Zenith
Zadok	Zavin	Zennor
Zaeem	Zavion	Zeno
Zaen	Zavior	Zenon
Zafar	Zaxon	Zephan
Zahavi	Zayd	Zephaniah
Zaid	Zayed	Zephyn
Zaidan	Zayden	Zephyr
Zaiden	Zayenthar	Zeppelin
Zaim	Zayin	Zepplin
Zain	Zaylen	Zerach
Zaire	Zayn	Zerah
Zak	Zayne	Zeref
Zakaree	Zayrian	Zerek
Zakary	Zbigniew	Zeth
Zakeriah	Zdravko	Zethar
Zaki	Zeal	Zeus
Zakiah	Zeb	Zev
Zakk	Zebastian	Zevan
Zale	Zebedee	Zeven
Zalman	Zebediah	Zevin
Zameer	Zebulon	Zevon
Zampher	Zebulun	Zevran
Zander	Zechariah	Zezima
Zane	Zed	Zhenya
Zani	Zedekiah	Ziad
Zaniel	Zedrick	Zion
Zannon	Zef	Ziri
Zaphod	Zeferino	Ziv
Zaran	Zeff	Ziyad
Zarek	Zeke	Zizi
Zahin	Zeki	Zodiac
Zarir	Zekki	Zoilo

Zollie
Zoltan
Zoran
Zoravar
Zuzen

Zoriah
Zorion
Zosimus
Zotique

Zowie
Zubin
Zuko

Conclusion et Ressources

Une fois encore, merci d'avoir acheté ce livre de prénoms de bébés. Nous espérons que vous avez pu trouver vos favoris.

Si vous recherchez un prénom particulier pour voir comment sa popularité a changé au fil du temps et connaître sa signification, allez sur le site Web d'assistant du prénom de bébé sur bitly.com/nomwizard

Si vous avez aimé ce livre vous pouvez nous laisser un commentaire honnête sur Amazon cela nous fera plaisir.

Vous pouvez laisser un commentaire en allant sur bit.ly/guideprenoms.

Vous pouvez également laisser un commentaire en cherchant le titre du livre sur Amazon ou à partir de votre page de commandes.

Si vous avez trouvé une erreur dans ce livre ou si vous avez une suggestion d'amélioration, merci d'envoyer un courriel à l'éditeur Katie Clark à contact@walnutpub.com.

Bonne chance dans votre voyage de nouveaux parents!

Printed in France by Amazon
Brétigny-sur-Orge, FR

20619779R00127